KREATIVE BASS
TECHNIK**ÜBUNGEN**

70 melodische Übungen zur Entwicklung eines guten Gefühls & Technik auf der Bassgitarre

DAN **HAWKINS**

FUNDAMENTAL**CHANGES**

Kreative Basstechnik-Übungen

70 melodische Übungen zur Entwicklung eines guten Gefühls & Technik auf der Bassgitarre

Veröffentlicht von www.fundamental-changes.com

Urheberrecht © 2019 Dan Hawkins

Herausgegeben von Tim Pettingale

ISBN: 978-1-78933-186-8

www.fundamental-changes.com

Über 11.000 Fans auf Facebook: **FundamentalChangesInGuitar**

Instagram: **FundamentalChanges**

Für mehr als 350 Gratisstunden mit Videos schau auf

www.fundamental-changes.com

Coverbild Copyright: Shutterstock

Mit besonderem Dank an Christian Lösekamm für die wertvolle redaktionelle Mitarbeit.

Inhalt

Einführung

Üben ist ein bisschen wie Krafttraining. Du weißt, dass du es tun musst, aber manchmal kann es sich wie eine lästige Pflicht anfühlen. Die richtigen Übungen für dich zu finden - die, die dir tatsächlich Spaß machen - bringt dich auf den Weg zu lebenslanger Fitness. Dieses Buch soll deine „Bass-Fitness" für dein ganzes Leben steigern und verbessern!

Jede Übung ist so geschrieben, dass sie wie eine echte Basslinie, Solo, Fill oder Akkordfolge klingt. Sie trainieren spezifischen Techniken und auch andere Aspekte der Musik wie Harmonie, Rhythmus, Groove, Griffbrettwissen, Gehörbildung und Genrestilistik. Wenn du dieses Buch abgeschlossen hast, wirst du dich auf dem Griffbrett besser zurechtfinden, ein besseres Gehör haben und wissen, wie man Arpeggien und Tonleitern zum Musizieren verwendet. Und natürlich wirst du auch eine bessere Technik haben...

Die Technik ist Mittel zum Zweck. Es ist ein wesentliches Werkzeug, das benötigt wird, um sich frei auszudrücken. Schlampige Technik führt zu Frustration und minimiert das, was man spielen kann. Ein engagierter Ansatz zur Verbesserung aller Aspekte deiner Technik wird zweifellos dazu führen, dass du ein besserer Bassist wirst. Füge all die anderen musikalischen Fähigkeiten hinzu und du hast ein Rezept für ein komplettes Musikleben.

Wo es möglich ist, habe ich Beispiel-Basslinien der vorgestellten Übungen verwendet oder Möglichkeiten, wie du sie selbst benutzen kannst, eingefügt. Ich habe festgestellt, dass ich (wie viele andere meiner Schüler auch) viel eher an Übungen arbeite, die meine technischen Fähigkeiten fördern, wenn sie wie Musik klingen. Sich wiederholende, mechanische Übungen sind schön und gut, aber du wirst sie in diesem Buch nicht finden. (Na gut, okay, vielleicht ein paar!)

Kapitel Eins beginnt mit verschiedenen Übungen, die auf den Akkorden einer harmonisierten Dur-Tonleiter basieren. Dies ist die Grundlage vieler Musikstile und der Schlüssel, um musikalisch grooven zu können. Die restlichen Kapitel beschäftigen sich mit Übungen rund um Pop, Blues/ RnB, Funk, Rock und Jazz. Kapitel Sieben wird dein musikalisches Gehör entwickeln, indem du Bordun-Töne verwendest, um die musikalische Wirkung der Übung zu hören.

Die Grundlagen

Gut Bass spielen zu können bedeutet, eine Reihe von verinnerlichten Techniken in den Fingern zu haben, die man automatisch abrufen kann. Einige dieser Techniken sind auffällig, wie z.B. Slapping und Tapping, aber viele sind eher unspektakulär (aber entscheidend), wie z.B. die Saitendämpfung. Dieses Buch arbeitet an den grundlegenden Techniken, die du benötigst, um mit fantastischem Gefühl und großartigem Ton zu spielen:

- Fingerstyle
- Koordination der linken und rechten Hand, Geschwindigkeit, Kraft und Genauigkeit
- Hammer-Ons
- Pull-Offs
- Slides
- Rakes
- Lagenwechsel
- Ghost Notes
- Muting/Dämpfung

Es gibt auch einige Slap-, Tap- und Plektrum-Übungen. Wenn du ein Beispiel hörst, von dem du denkst, es würde funktionieren, wenn es mit einem Plektrum gespielt oder geslapped wird, aber nicht entsprechend notiert ist, ermutige ich dich zum Experimentieren.

Wie man diese Übungen verwendet

Es gibt nur zwei Regeln, wenn es um die Technik geht:

1) Stelle sicher, dass dein Bewegungsablauf (die Koordination zwischen Händen und Kopf) immer so gut es geht am Optimum ist, damit du die Technik mühelos mit einem schönen, sauberen Klang ausführen kannst.

2) Mach das oben Genannte ohne Schmerzen oder Belastung. Dies hilft dir, Probleme in Zukunft zu vermeiden.

Halte den Bass so, dass der Hals direkt für deine Greifhand zugänglich ist und achte darauf, dass Handgelenk und Hand so gerade wie möglich sind. Durch das Krümmen der Finger und das Spielen mit den Fingerspitzen kannst du die Noten mit einem geraden und entspannten Handgelenk greifen (es wird eine kleine Biegung geben, aber sie sollte nicht zu stark sein).

Im Sitzen halte ich den Hals gerne in einem Winkel von etwa fürfundvierzig Grad zur Stuhllehne und habe den Kopf ein wenig zur Decke gerichtet. Ich stelle sicher, dass der Korpus des Basses an drei Punkten anliegt - meinem Bein, meiner Brust und meinem Unterarm (irgendwo in der Nähe des Ellenbogens). So wird sichergestellt, dass ich den Hals nicht mit meiner Greifhand festhalte. Das Festhalten am Hals ist eine schlechte Angewohnheit, die die Möglichkeiten der Greifhand einschränkt. Wir brauchen diese Hand aber frei beweglich, um viele tolle Dinge mit dem Bass zu spielen!

Manche Menschen mögen es, das Instrument in einer klassischen Gitarrenhaltung zu halten. Experimentiere damit, wo der Bass sitzt, bis es sich entspannt und bequem anfühlt. Atme normal und entspanne die Muskeln in deinem Körper, wenn du spielst. Oftmals ist das Erste, was passiert, wenn man mit etwas Schwierigem konfrontiert wird, sich zu verspannen und den Atem anzuhalten. Wenn du dich bei deinem Spiel entspannst, kannst du besser grooven und Spannungen in den Fingern und Handgelenken vermeiden. Dies ist die Basis einer großartigen Technik, also lies die letzten beiden Absätze noch einmal und behalte diesen Ratschlag immer im Hinterkopf, wenn du übst.

Wenn du irgendwelche Schmerzen verspürst, hör sofort auf. Fang am nächsten Tag wieder an, aber wenn die Schmerzen andauern, geh zum Arzt. Der Bass ist ein großes Instrument, das eine gute Technik erfordert. Man braucht keine langen Finger zu haben, um Bass zu spielen - nur gute Technik!

Ich habe durchgehend Fingersätze für die Greifhand und, wo angebracht, einige für die Schlaghand eingefügt, aber jeder hat unterschiedlich große Finger und eine einzigartige Handstreckung. Wenn du also einen Weg findest, eine Übung zu spielen, die besser für dich funktioniert, dann ermutige ich dich, das auszuprobieren.

Es gibt Audiobeispiele für jede Übung, also hör sie dir an, besonders, wenn du auf eine Notation oder Rhythmen stößt, die ein wenig komplex aussehen. Es gibt ein paar übel aussehende Beispiele, aber keine Sorge, sie sehen viel schwieriger aus, als sie tatsächlich sind!

Um einige dieser Übungen zu beherrschen, musst du dir vielleicht die Art und Weise anschauen, wie du übst. Die Art und Weise, wie man sich allem nähert, was einem schwer fällt, ist, ruhig zu bleiben und die jeweilige Passage in kleine Fragmente zu unterteilen und sich auf die kniffligen Stellen zu konzentrieren.

Analysiere, was beide Hände tun, wie du den Bass hältst, deine Körperhaltung und finde dann langsam heraus, was verbessert werden muss. Du baust eine gute Technik auf, indem du immer wieder bewusst die richtigen Bewegungen übst. Dies sind die Grundlagen, die es dir ermöglichen, Musik zu spielen, ohne dich um die Technik zu kümmern. Das ist dein höchstes Ziel.

Strebe schließlich nach Präzision, Genauigkeit, Groove und viel Gefühl in allem, was du spielst. Während du die Übungen durchgehst, suche nach verschiedenen Mustern oder Möglichkeiten, dich den Übungen zu nähern. Mach sie dir zu eigen. Wenn du etwas hörst, das in einem Solo oder einem Song funktionieren könnte, dann verwende es. Deine eigene Stimme als Bassist zu finden, ist eines der wichtigsten Ziele, die du haben kannst, also experimentiere und finde heraus, was für dich funktioniert.

Mit einem konsequenten Übungsprogramm und den richtigen Übungen kannst du die Technik erreichen, die du dir schon immer gewünscht hast.

Hol dir das Audio

Die Audiodateien zu diesem Buch stehen unter **www.fundamental-changes.com** zum kostenlosen Download zur Verfügung. Der Link befindet sich in der rechten oberen Ecke. Wähle einfach diesen Buchtitel aus dem Drop-Down-Menü und folge den Anweisungen, um das Audio zu erhalten.

Wir empfehlen, die Dateien direkt auf deinen Computer und nicht auf dein Tablet herunterzuladen und sie dort zu extrahieren, bevor du sie deiner Medienbibliothek hinzufügst. Du kannst sie dann auf dein Tablet oder deinen iPod ziehen oder auf CD brennen. Auf der Download-Seite gibt es ein Hilfe-PDF und wir bieten auch technische Unterstützung über das Kontaktformular.

Für mehr als 350 Gratisstunden mit Videos schau auf:

www.fundamental-changes.com

Über 10.000 Fans auf Facebook: **FundamentalChangesInGuitar**

Instagram: **FundamentalChanges**

Harmonisierte Tonleiterübungen

Neben Rhythmus und Melodie ist die Harmonie eine der Grundlagen, auf denen die Musik aufgebaut ist. Ein klares Verständnis für die Verwendung der innerhalb einer Tonleiter gefundenen Noten wird die Art und Weise, wie du spielst, verändern.

- Wenn du eine Dur-Tonleiter harmonisierst (aus jeder Note einen Akkord baust), erzeugst du sieben Akkorde.

- Jede Dur-Tonleiter hat eine parallele Moll-Tonleiter, die die gleichen sieben Akkorde von einer anderen Stelle aus enthält.

Diese beiden kurzen Sätze deuten an, wie eine große Menge Musik gemacht wird. Die meisten Lieder und Melodien verwenden die Akkorde, die entweder aus der Dur- oder der parallelen Molltonleiter aufgebaut sind. Die Übungen in diesem Kapitel erforschen all die Tonleitern und Arpeggien, die von diesen Akkorden stammen, und konzentrieren sich auf verschiedene Arten, eine harmonisierte Tonleiter zu spielen. Diese Ideen können in Basslinie, Soli, Fills und in deinem Songwriting verwendet werden.

Keine Sorge, wenn dir die Theorie vorerst nicht ersichtlich ist, es geht darum, Übungen zu spielen, die dir das Griffbrett „aufschließen", dein Ohr schärfen und deine Technik aufbauen.~

Beispiel 1a ist eine Arpeggio-basierte Idee, die durch die *Sept-Arpeggien* geht, die auf jedem Ton der Dur-Tonleiter gebildet werden.

Dieses Beispiel ist ein fantastisches Workout für sowohl die Greif- als auch die Schlaghand und es bietet viel Übung beim Spielen entlang des Griffbretts.

Wie immer gibt es mehr als eine Möglichkeit, diese Übung zu spielen. Konzentriere dich jedoch auf die bereitgestellten Fingersatz-Patterns, da sie dir eine bequeme Art und Weise der Navigation in diesen Arpeggien beibringen. Wenn du andere Patterns findest, arbeite auch an diesen. Der beste und effizienteste Weg ist immer der, der es dir erlaubt, eine Linie leicht zu spielen, ohne die Handgelenke oder Finger zu belasten.

Du wirst feststellen, dass es bei dieser Übung einige Verschiebungen gibt. Zum Beispiel, wenn du von Cmaj7 nach Dm7 wechselst, muss dein erster Finger vom 2. Bund der D-Saite (E) zum 5. Bund der A-Saite (D) wandern. Das ist ein Sprung von vier Bünden und etwas gewöhnungsbedürftig. Konzentriere dich darauf, diesen Sprung so perfekt zu spielen, dass du keine Lücken zwischen den Noten hörst, und stelle sicher, dass die Noten gleichmäßig und präzise fließen.

Sieht dir die Akkordsymbole über den Noten an und merke sie dir. Dies sind die Akkorde (und Arpeggien für dich als Bassist), die aus einer harmonisierten Dur-Tonleiter gebildet werden.

Beispiel 1a

Bassisten spielen normalerweise keine Akkorde, aber sie können großartig klingen und in einer Reihe von Situationen eingesetzt werden. Die Übung 1b führt die Fingersatznotation der rechten Hand der klassischen Gitarre ein, bei der du die Noten mit Daumen (p), Zeige- (i) und Mittelfinger (m) zupfst. Jeder Finger hat eine eigene Saite, an der er bleibt.

Wenn du Akkorde spielst, krümme die Finger der Greifhand und spiele direkt mit den Fingerspitzen, um zu vermeiden, Nachbarsaiten abzudämpfen. Normalerweise sollte der Finger beim Zupfen einer Note auf der darunter liegenden Saite zur Ruhe kommen. Das nennt man einen Rest Stroke. Wenn du jedoch im folgenden Beispiel Akkorde spielst, spiele mit freiem Anschlag (Free Stroke). Hier zupft man vom Korpus des Basses weg und lässt die Saiten ungedämpft erklingen.

Abhängig von deiner Reichweite kannst du die d-Moll- und e-Moll-Akkorde in den Takten zwei und drei mit der linken Hand mit der Griffweise 3 1 4 anstelle der geschriebenen 2 1 3 spielen. Wenn du eine Belastung oder Schmerzen in deiner Hand spürst, dann hör auf. Baue die Streckung hier langsam auf.

Beachte, dass die Reihenfolge der Akkorde die gleiche wie in Beispiel 1a ist. Dies ist die Akkordfolge, die aus einer harmonisierten C-Dur-Tonleiter erstellt wurde und es ist wichtig, sie diese genau einzuprägen, da die Reihenfolge der Akkordtypen (Dur, Moll, Moll, Dur, Dur, Moll, Moll7b5) in jeder Durtonart gleich ist.

Hier sind drei Möglichkeiten, Musik aus Beispiel 1b zu machen.

• Wiederhole das Beispiel, aber ändere den Rhythmus und die Reihenfolge der Noten innerhalb des Akkords. Zum Beispiel, im ersten Takt statt C, E, G, spiele E, C, G.

• Viele Lieder sind aus diesen Akkorden aufgebaut, also versuche, sie in verschiedenen Reihenfolgen zu spielen, um *Akkordfolgen* zu finden, die dir gefallen, zum Beispiel C-Dur, F-Dur, a-Moll, G-Dur. Dann experimentiere, indem du die Zupfmuster und die Rhythmen veränderst. Du wirst anfangen zu hören, wie Musik entsteht!

• Verwende Rest Strokes anstelle von Free Strokes.

Beispiel 1b

Bisher haben wir in diesem Kapitel sowohl Arpeggien als auch Akkorde gespielt. Zusammen mit den Tonleitern werden daraus Basslinien gebildet.

Beispiel 1c bewegt sich in die Tonart G-Dur (aber beachte, dass die Reihenfolge der Akkordtypen genau die gleiche ist wie in C-Dur).

Diese Übung spielt jeden Modus der G-Dur-Tonleiter aufwärts und mit der Pentatonik abwärts, die über diesen Akkord passt. Die Pentatonik ist entweder Dur oder Moll, je nachdem, ob der Modus Dur oder Moll ist.

Es gibt eine unglaubliche Menge an verwertbaren Informationen allein in dieser einen Übung. Merk dir, welche Modi und Pentatoniken über jeden Akkord passen.

Benutze durchgehend einen gleichmäßigen, abwechselnden Zeige- und Mittelfinger, nachdem du den Pull-Off am Anfang jeder absteigenden Pentatonik ausgeführt hast.

Beginne langsam, indem du dein Metronom auf 80 bpm (Schläge pro Minute) oder weniger einstellst, dann baue allmählich eine gewisse Geschwindigkeit auf.

Beispiel 1c

Die nächste Übung ist gut für die Entwicklung von String Crossing mit deiner Schlaghand und für die Gehörbildung.

Jedes Arpeggio in diesem Beispiel verwendet ein bestimmtes Muster von Intervallen aus dem Akkord: Grundton, Quinte, Oktave, Terz und Undezime. Ordne jedes Intervall visuell auf dem Griffbrett relativ zum Grundton zu. Diese Noten sind immer in Basslinien und Fills zu finden und helfen dir, das Griffbrett „aufzuschließen". Gewöhne dich an die Klänge, die diese Patterns erzeugen und merke dir den Namen des Intervalls.

Sobald du mit der Übung vertraut bist, spiele die Arpeggien in verschiedenen Reihenfolgen, um Akkordfolgen zu erstellen. Zum Beispiel, Fmaj7, Am7, Dm7, Bbmaj7.

Das kann zwar wie eine langweilige Übung klingen, aber du kannst es eher wie eine Basslinie oder ein Solo klingen lassen, indem du die Rhythmen und Phrasen, die du spielst, veränderst. Denk daran, dass auch pentatonische Dur- und Molltonleitern über diese Akkorde passen, also versuche, einige dieser Klänge hinzuzufügen.

Beispiel 1d

Indem wir ein Arpeggio in der Reihenfolge Grundton, Quinte, Terz spielen und dann die Noten der Tonleiter absteigen, erzeugen wir einen Bach-ähnlichen Klang. Die Cello Suiten von Bach sind sehr beliebt unter Bassisten und bieten eine technische Herausforderung, die Spaß macht.

Beispiel 1e bietet einige anspruchsvolle Griffweisen für die Greifhand, also pass auf und folge den Mustern genau. Die Übung arbeitet sich weit auf dem Griffbrett nach oben, so dass du voraussehen musst, wo deine Finger sein müssen, bevor du die Noten spielst. Dies ist der Schlüssel zum reibungslosen und präzisen Spiel.

Beachte, wie du mit dem zweiten Finger in jedem Takt außer drei und sieben, wo es dein erster Finger ist, führst. Sei auf diese Takte vorbereitet, da dort ein zusätzlicher Lagenwechsel erforderlich ist.

Greife und dämpfe die Saiten vorsichtig mit deiner Schlaghand, so dass kein zusätzliches Geräusch zu hören ist. Lege dazu den Daumen deiner Schlaghand auf der Saite unterhalb der zu spielenden Saite ab. Bleibe also z.B. beim Spielen von Noten auf der A-Saite auf der tiefen E-Saite. Beim Spielen der E-Saite kann man den Daumen auf einem Tonabnehmer abstützen.

Lerne, dich natürlich und automatisch zwischen diesen Muting-Positionen zu bewegen. Es ist ein wenig gewöhnungsbedürftig, aber es ist eine wesentliche Technik für sauberes und präzises Spiel. Nimm dich selbst auf, indem du alle möglichen Arten von Linien und Übungen spielst und hör es dir wieder und wieder an, um jedes störende Geräusch, das man im Moment leicht übersehen kann, zu identifizieren und zu beseitigen. Ich erinnere mich, dass ich beim ersten Versuch alle möglichen schrecklichen Dinge gehört habe!

Beispiel 1e

Das nächste Beispiel ist in der Tonart F-Dur und basiert auf dem Spielen eines Septakkords gefolgt von einer coolen pentatonischen Linie.

Das Erlernen dieser Beziehung zwischen Akkorden und pentatonischen Tonleitern ermöglicht es dir, beim Schreiben von Basslinien und Improvisieren spannende Ideen über diese Akkorde zu spielen.

Aufgrund der größeren Bundlücken in den ersten Bünden des Basses ist es vielleicht einfacher, den vierten Finger im ersten Takt wie angegeben zu benutzen. Du kannst diesen jedoch auch durch den dritten Finger ersetzen, wenn du dies bevorzugst.

Achte auf die Hammer-Ons und time diese so, dass die 1/8-Noten durchgehend gleichmäßig bleiben. Takt sieben (Em7b5) erfordert eine etwas ungerade Handhaltung aufgrund der im Akkord vorhandenen b5 (verminderten Quinte). Mache mit deinem ersten Finger einen Barrégriff über das Griffbrett, so dass die Fingerspitze den Ton wie gewohnt greift, während der untere Teil des Fingers in der Nähe des Knöchels den 12. Bund auf der G-Saite greift.

Beispiel 1f

Beispiel 1g arbeitet an einer lieblich klingenden Fingerstyle-Linie mit E als *Pedalton*. Ein Pedalton ist eine Bassnote, die gleichbleibt, während die Akkorde oder Melodie darüber wechselt.

Die Akkordfolge ist I IV iii ii in der Tonart E-Dur (E-Dur, A-Dur, G#m, F#m), und die Akkordformen sollten aus Beispiel 1b bekannt sein. Der Klang von Akkorden, die sich über einen Pedalton bewegen, ist in der Musik weit verbreitet und es ist gut, sein Gehör daran zu gewöhnen.

Spiel den Pedalton, indem du die leere E-Saite mit dem Daumen zupfst. Der Grundton jedes Akkords wird mit dem Daumen der Schlaghand gespielt, die Terz mit dem Zeigefinger und die Septim mit dem Mittelfinger. Präg dir die Formen und die Intervalle ein, so dass du mit ihnen improvisieren kannst, wann immer du das entsprechende Akkordsymbol siehst.

Beispiel 1g

Die nächsten beiden Übungen sind Monster, die mit dem Biest in Beispiel 1b verwandt sind! Um alle Arpeggien auf dem Griffbrett unterzubringen, ist dieses in der Tonart F#-Dur gehalten. Es sieht viel furchterregender aus, als es tatsächlich ist, aber beachte auch hier, dass es die gleiche Reihenfolge der Akkorde und Patterns enthält. Dies ist jedoch eine anspruchsvolle Übung und ich rate dir, langsam zwei Takte auf einmal zu lernen. Es ist schwierig, sie schnell auszuführen, also ziele stattdessen darauf ab, sie ohne Stolpern oder Fehler zu spielen. Verwende abwechselndes Zupfen.

Starte ein absteigendes Arpeggio mit einem Pull-Off und beginne das nächste aufsteigende Arpeggio mit einem Hammer-On.

Das Arpeggio in jedem Takt enthält ein zweisaitiges Pattern, das eine Oktave nach oben verschoben wird. Im ersten Takt sind also die letzten vier Töne genau gleich wie die ersten vier Töne, nur eine Oktave tiefer. Stell dir jeden Takt als ein zweisaitiges Pattern vor, das du dann um eine Oktave verschiebst.

Es gibt zwei heikle Wechsel. Der erste ist, wenn du von einem zweisaitigen Pattern zum nächsten wechselst. Der zweite ist der Übergang von einem Arpeggio zum nächsten.

Zum Beispiel spielt im ersten Takt der vierte Finger deiner Greifhand den ersten Ton (C# auf dem 6. Bund der G-Saite), bevor du das C# eine Oktave tiefer spielst (4. Bund A-Saite). Um dies zu erreichen, beginne mit dem Verschieben des Daumens, sobald du die erste Note gespielt hast. Bringe den vierten Finger so nah wie möglich an den 4. Bund der A-Saite, *bevor* er benötigt wird.

Die ganze Übung sollte auf diese Weise angegangen werden: mit den Fingern der Greifhand, die sich einen Sekundenbruchteil bevor es nötig ist, zum nächsten Ton bewegen.

Beispiel 1h

Beispiel 1i ist einfach das Gleiche in umgekehrter Richtung. Wenn du sowohl Beispiel 1g als auch 1h beherrschst, kombiniere sie zu einer Mega-Übung, um deine Ausdauer zu verbessern.

Beispiel 1i

Wir schließen dieses Kapitel mit einer echten Geschwindigkeitsaufbauübung ab, die deine Koordination, Geläufigkeit und Genauigkeit auf die Probe stellt. Sie muss langsam geübt werden, da diese Übung mit 1/16-Triolen (sechs Noten pro Schlag) arbeitet. Übe dies langsam mit etwa 40 bpm, bevor du schneller wirst und hör dir das Audio an, um zu hören, wie es klingen soll. Eine Menge beeindruckender, schneller Musik beinhaltet das Spielen von 1/16-Triolen, so dass es sich lohnt, sie zu deinem Repertoire hinzuzufügen.

Jedes Mal, wenn du zu einem neuen Arpeggio wechselst, bewegst du dich den Hals nach oben, indem du mit dem vierten Finger führst. Dies wird sich zunächst sehr ungewohnt anfühlen, aber deshalb übst du in langsamen Tempi.

Bei den Moll-Sept-Arpeggien kannst du überall dort, wo der zweite Finger angegeben ist, stattdessen den dritten Finger verwenden, wenn du dies bevorzugst. Versuche beides und schau, was dir gefällt. So oder so, diese Moll-Septim-Formen erfordern eine Dehnung über fünf statt der normalen vier Bünde, was ein gutes Training für die Hände ist.

Stelle sicher, dass du den Bass richtig hältst, damit das Handgelenk der Greifhand so gerade wie möglich und der Hals leicht zugänglich ist, so wie in der Einleitung beschrieben.

Aufgrund der Dehnungen, die bei dieser Übung auftreten, kann es sein, dass du einen gewissen Zug im Handgelenk der Greifhand spürst. Hör auf, wenn das der Fall ist. Ruh dich aus oder mache morgen weiter. Zwinge dich nicht über die Schmerzgrenze hinaus, da dies eine Eintrittskarte für eine Sehnenentzündung ist.

Beispiel 1j

Pop

Obwohl in der Popmusik die Hauptaufgabe des Bassisten darin besteht, ein solides Fundament für die Musik zu schaffen und mit viel Gefühl zu spielen, ist es nicht immer einfach, Pop zu spielen. Einige der Übungen in diesem Kapitel werden eine Weile brauchen, um gemeistert zu werden, aber sie werden helfen, dein Timing zu schärfen. Bei all diesen Übungen liegt der Schwerpunkt auf dem Spielen von melodischen, interessanten Linien, die grooven.

Beispiel 2a ist ein 1/8-Noten-Workout in D-Dur über eine IV-V-vi- (G-Dur, A-Dur, Bm) Akkordfolge. Dieses Feeling ist im Pop üblich, aber nicht so einfach zu spielen, wie die Leute denken.

Stell dein Metronom auf 100 bpm ein und bleibe bei diesem Groove, bis die Verschiebungen der Greifhand glatt sind und du die Linie sicher spielen kannst. Wenn du sie bequem spielen kannst, erhöhe das Tempo langsam auf 120 bpm.

Konzentriere dich darauf, diese Übung gleichmäßig zu spielen, ohne zu hetzen oder langsamer zu werden, und folge dem Fingersatz-Pattern wie angegeben. Achte auf den ersten Finger, der in Takt drei bis zum 5. Bund reicht.

Beispiel 2a

Beispiel 2b ist ein weiteres Workout, das dir helfen soll, 1/8-Noten sicher und im Takt zu spielen. Für diese Übung empfehle ich die Verwendung eines Plektrums. Wenn man hauptsächlich mit den Fingern spielt, kann sich die Verwendung eines Plektrums fremd anfühlen, aber es kann für diese Art des Spielens äußerst effektiv sein.

Benutze Verankerungen, um deine Hand ruhig zu halten, so dass dein Plektrum-Anschlag gleichmäßig und durchgängig ist. Es gibt viele Möglichkeiten der Verankerung, aber fang damit an, dass du die Oberseite deines Unterarms (etwa in der Nähe des Ellenbogens) am Cutaway oben am Basskorpus auflegst. Passe die Platzierung an, bis dein Plektrum in der Nähe der Saiten ist. Das allein wird dir mehr Kontrolle geben. Ich benutze für alle Noten in dieser Übung Downstrokes, aber du kannst gerne versuchen, mit Wechselschlag zu spielen, wenn du das bevorzugst.

Deine Greifhand bleibt in einer Lage und gibt dir die Möglichkeit, deinen vierten Finger zu stärken. Stelle das Metronom für diese Übung auf etwa 120 bpm ein.

Achte auf das Muting der Töne. Deine Plektrum-Hand wird beschäftigt sein und du musst sicherstellen, dass deine Hand nicht versehentlich eine Saite zupft, wenn ein Finger eine Note loslässt. Arbeite am Muting deiner Greifhand, bis du dies sauber und präzise spielen kannst, und höre dir das Audiobeispiel an, um zu hören, wie es klingt.

Beispiel 2b

Oktaven auf dem Bass zu spielen, bedeutet DISCO! Sie werden tatsächlich in vielen Stilen verwendet und hier geht es darum, sie präzise zu spielen. Diese Übung wird auf einer i-VI-III-VII- (Bm, G-Dur, D-Dur, A-Dur) Akkordfolge in der Tonart b-Moll gespielt.

Benutze durchgehend deinen vierten Finger, um die höhere Oktavnote zu spielen. Er mag sich anfangs schwach anfühlen, aber dies ist eine großartige Übung, um ihn zu stärken. Du *kannst* deinen dritten Finger benutzen, aber achte auf Anzeichen von Überanstrengung oder Ermüdung in den Fingern, Händen oder im Handgelenk.

Beginne in der Schlaghand mit dem Zeigefinger, dann spiel die Oktave mit dem Mittelfinger. Die ganze Übung verwendet dieses Pattern. Halte die Noten gleichmäßig und stabil und experimentiere mit der Notenlänge. Wenn man sie alle kurz und staccato hält, wird es ziemlich nach 70er Jahre klingen, aber wenn man die Noten verlängert, wird sich das Feeling leicht verändern.

Beispiel 2c

Das nächste Beispiel geht noch einen Schritt weiter. Es ist in der gleichen Tonart wie das vorherige Beispiel, aber diesmal über eine iv-VII-III-VI (Em, A-Dur, D-Dur, G-Dur) Akkordfolge gespielt. Du kannst diese beiden Beispiele tatsächlich zusammenspielen und sie werden passen.

Die 1/16-Noten und die staccato gespielten 1/8-Noten geben der Schlaghand viel mehr Training, und die Greifhand benötigt eine leichte Berührung, um das Staccato auszuführen. Hör dir *Dance Dance Dance* von Chic für ein großartiges Beispiel für diese Art von rhythmischen Oktav-Basslinien an.

Ein bestimmtes Zupfmuster kann manchmal erforderlich sein, um eine Linie atmen zu lassen und smooth zu spielen. Hier wird der Rhythmus auf Schlag 1 gespielt, indem man die A-Saite mit dem Zeigefinger zupft und dann sofort die folgende Note mit demselben Finger spielt. Dadurch wird der Mittelfinger auf die nächste 1/16-Note vorbereitet. Sobald der Mittelfinger die G-Saite anschlägt, bring den Zeigefinger wieder auf die E-Saite zurück, wobei du dich auf den nächsten Ton auf der A-Saite vorbereitest. Dieses Griffmuster ist unerlässlich, wenn Linien gespielt werden, bei denen es einen String-Skipping-Sprung gibt.

Die kurzen Staccato-Töne werden von deiner Greifhand erzeugt. Sobald die Note gespielt wird, hebe den Finger von der Note, während du leichten Kontakt mit der Saite hältst. Sobald der Finger entspannt ist, hört der Ton auf und wird dadurch kurz und abgesetzt. Dies ist eine kleine, knifflige Technik, die es zu beherrschen gilt, aber für ein großartiges Bassspiel absolut notwendig.

Die Notenlänge ist so wichtig, um den Linien Leben, Flair, Groove und Gefühl zu verleihen, also arbeite daran, sie kontrollieren zu können. Wenn du diese Übung erst einmal gemacht hast, versuche, sie mit Beispiel 2c zu kombinieren.

Beispiel 2d

Umkehrungen ermöglichen eine reibungslose und musikalische Verbindung zwischen den Akkorden. Eine Umkehrung tritt auf, wenn du statt des Grundtons eine andere Note des Arpeggios als tiefsten Ton eines Akkords (normalerweise die erste Note im Takt) spielst. Umkehrungen werden mit *Slash*-Akkorden (mit Schrägstrich) notiert, z.B. G/B bedeutet „ein G-Akkord mit der Note B im Bass". Der Akkord wurde „umgekehrt", da nicht der Grundton G sondern ein anderer Ton als tiefste Note im Akkord gespielt wird.

Wenn die Akkordfolge G-Dur zu C-Dur wäre, würdest du G zu C spielen. Der weichere Übergang von B zu C geschieht, wenn der erste Akkord umgekehrt wird (G/B zu C-Dur).

Beispiel 2e behandelt diese Idee genauer, während es einen fließenden Übergang von der zweiten zur fünften Lage auf dem Griffbrett gibt. Pino Palladino nutzte dies mit großer Wirkung für die *New York Minute* von Don Henley. Es gibt auch einige Hammer-Ons und Pull-Offs in Takt zwei, um deiner Greifhand ein gutes Training zu geben.

Vergewissere dich, dass du die Griffmuster, die deine Greifhand über das Griffbrett durch eine Reihe von Handverschiebungen führen, genauestens befolgst. Übe jede Verschiebung langsam, ohne Stopps oder plötzliche Bewegungen der Greifhand. Im letzten Takt spielst du mit dem Daumen und dem ersten Finger deiner Schlaghand den *Doppelgriff*. Ein Doppelgriff besteht aus zwei gleichzeitig gespielten Noten und ist ein fantastisches Stilmittel, das man in seinem Bassspiel verwenden kann, um ein wenig Harmonie hinzuzufügen. Sie funktionieren super am Ende eines Songs.

Beispiel 2e

Beispiel 2f ist eine V-vi-IV-V- (G-Dur, a-Moll, F-Dur, G-Dur) Akkordfolge in C-Dur, die auf einem schön klingenden Pattern basiert und die None einsetzt. So verwendet, klingen die Intervalle in Balladen großartig - ein berühmtes Beispiel ist die Gitarrenlinie im Intro von *Every Breath You Take* von The Police.

Die ersten beiden Noten in jedem Takt werden mit dem ersten Finger der Greifhand gespielt, so dass die None, die mit dem dritten Finger gespielt wird, leicht zugänglich ist. Gleite mit demselben Finger zur Terz (Dezime). Wende ein sanftes Vibrato an und spiele mit so viel Gefühl wie möglich!

Die Zielgeschwindigkeit für diese Übung ist 100 bpm, aber deine Greifhand wird schnell wechseln müssen, damit diese Übung glatt und musikalisch klingt, also beherrsche diese Wechsel zuerst in einem langsameren Tempo.

Jeder Takt fordert deine Hand auf, sich über fünf oder sechs Bünde zu bewegen. Das ist ein ziemlich weiter Abstand, also ignoriere dein Metronom, bis du die Linie in den Fingern hast.

Eine gute Angewohnheit ist es, alles Neue oder Schwierige langsam zu spielen, bis man sich damit wohlfühlt, bevor man es auf Tempo spielt, wobei man sich auf die Zeit und das Gefühl konzentriert. Danach kannst du zu deinem Metronom, einem Drumbeat oder - noch besser - mit einem echten Schlagzeuger spielen.

Beispiel 2f

Beispiel 2g entwickelt deine Hammer-Ons, Pull-Offs, Slides und Lagenwechsel mit ein paar nützlichen Formen, während du durch die ersten vier Akkorde von C-Dur (C-Dur, d-Moll, e-Moll, F-Dur) aufsteigst.

Achte genau auf die Noten, die unter jedem Akkord gespielt werden. Du wirst feststellen, dass für jeden Moll- und Dur-Akkord die gleichen zwei Formen gespielt werden. Beides sind gemeinsame Klänge, die in vielen verschiedenen Musikstilen zu hören sind.

Die Slides in dieser Übung kommen von unten. Greife die Note zwei Bünde unter deinem Ziel, zupfe sie und slide dann in die Zielnote.

Beispiel 2g

Während alle Beispiele in diesem Kapitel ein *gerades Feel* verwendet haben, wird in Beispiel 2h ein funky 1/16-*Swing*-Feel eingeführt. Hör dir das Audiobeispiel an, um genau zu hören, wie es gespielt werden soll.

Wenn du auf der G-Saite (7. Bund) bis zum Ton D slidest, benutze den Daumen der Greifhand als Drehpunkt auf der Rückseite des Halses, wenn du mit dem vierten Finger slidest. Schiebe den Daumen nicht über die Rückseite des Halses. Drehe stattdessen dein Handgelenk und halte die Daumenspitze in der gleichen Position und verwende sie als Drehpunkt. Dies erleichtert die Rückkehr zum 3. Bund, ohne dass man wieder verschieben muss.

Bei guter Technik geht es darum, „Bewegungsökonomie" zu entwickeln und unnötige Anstrengungen zu beseitigen. Denke an Roger Federer, der in Wimbledon einen Winner mit der Rückhand auf die Linie setzt: mühelos!

Vielleicht erkennst du den Klang des Dorischen Modus im letzten Takt und er klingt ähnlich wie die Basslinie in *Good Times* von Chic. Die Verknüpfung einer Form, eines Patterns oder einer Tonleiter mit einer bekannten Melodie oder Basslinie ist eine brillante Methode, um dein Gehör zu trainieren. Achte immer darauf, deine Bibliothek von nützlichen Verbindungen mit Ideen wie dieser aufzubauen.

Beispiel 2h

Beispiel 2i enthält ziemlich vielen Techniken: Doppelgriffe, Lagenwechsel und eine pentatonische Linie mit Hammer-Ons.

Der Übergang von den ersten beiden Noten in jedem Takt zu den Doppelgriffen erfordert eine gute Fingerfertigkeit der Greifhand. Isoliere diesen Teil und wiederhole ihn langsam. Drehe dein Handgelenk ein wenig, um den ersten Finger von der E-Saite bis zur G-Saite zu bekommen. Verwende Zeige- und Mittelfinger der Greifhand, um die Doppelgriffe zu zupfen.

Die Offbeat-1/16-Noten im Takt 2 sind ziemlich schwierig im Takt zu halten, also konzentriere dich darauf, diese präzise hinzubekommen. Stelle dein Metronom auf 80 bpm ein und spiele die erste dieser 1/16 direkt nach Schlag 2.

Tippe mit dem Fuß auf die Schläge, um dich daran zu gewöhnen, wo du eine Note im Verhältnis zu deinem Fuß platzieren musst. Dies ist auch eine gute Praxis für das Lesen von Rhythmen. Jede Note muss irgendwo in einem Takt gespielt werden, und wenn du dir sicher bist, wo die Schläge sind, und sie gut unterteilen kannst, wirst du mit Selbstvertrauen und Kontrolle spielen.

Hör dir Tony Levins Bassline auf *Don't Give Up* von Peter Gabriel an, um ein fantastisches Beispiel für Doppelgriffe in einer Pop-Situation zu hören.

Beispiel 2i

Eines der genialen Dinge an der Bassgitarre ist, dass man so viele verschiedene Stile und Techniken spielen kann. Meistens wird vom Bassisten ein solides, geschmackvolles, grooviges Spiel gefordert, das die Grundlage für die Band bildet. Beispiel 1g ist jedoch eher eine Melodielinie, die leicht mit einer Gitarre oder einem Keyboard gespielt werden könnte.

Diese Linie entwickelt deine kompositorischen und improvisatorischen Fähigkeiten. Du kannst Variationen dieser Übung auch in deinen Soli und Fills verwenden, da Moll-Akkorde in vielen Musikstilen so häufig vorkommen.

Die Übung verwendet die Akkorde i iv und v (g-Moll, c-Moll, d-Moll) in der Tonart g-Moll und enthält eine pentatonische Molltonleiter, die über alle vier Saiten des Halses gespielt wird. Das Pattern über jedem Akkord ist identisch. Spiele einen Hammer-On mit deinem dritten Finger auf den höheren Ton, spiele dann sofort den gleichen Bund eine Saite tiefer mit dem gleichen Finger. Dazu rollst du deinen dritten Finger von der höheren zur tieferen Saite. Diese Art des Fingersatzes hält den vierten Finger bereit und vorbereitet für die zu spielende Note. Studiere die TAB- und Fingersatz-Anmerkungen und du wirst sehen, was ich meine.

Diese Art von Aufmerksamkeit für technische Details hilft dir dabei, Genauigkeit, Geschwindigkeit und flüssiges Spiel zu entwickeln. Beginne langsam und steigere dich von dort auf. Nimm dir Zeit, die Idee zu erforschen und lass deinem Gehirn Zeit, zu verstehen, was deine Hände und Finger tun sollen. Dieser Ansatz baut das Muskelgedächtnis auf, erfordert aber Geduld und Konsequenz.

Beispiel 2j

Blues/ RnB

Das Studium verschiedener Stilistiken, Genres und Musiker aus der Geschichte gibt dir eine wichtige Perspektive, aus der du lernen kannst. Blues ist der Vorläufer der meisten modernen Musik, von Jazz bis Rock ‚n' Roll, von RnB bis Pop. Selbst bei Pop, Rock und Funk wirst du einige der Basslinien wiedererkennen, die die ersten Blues-Spieler als Pioniere eingeführt haben. Diese Erkenntnis gibt ein klares Bild davon, wie die verschiedenen Musikstile und Genres miteinander verwandt sind. Das ist nicht nur eine große Inspirationsquelle, um immer wieder neue Musik zu lernen, sondern erleichtert auch das Spielen, da man sich Ideen von bereits bekannten Basslinien abschauen kann.

Die Beispiele in diesem Kapitel zeigen einige der Hauptmerkmale des Blues- und RnB-Bass-Spiels.

Beispiel 3a ist ein einfaches Blues-Pattern, das auf einer I-IV-V-IV- (G-Dur, C-Dur, D-Dur, C-Dur) Akkordfolge in G-Dur basiert. Dies ist eine der wesentlichen Akkordfolgen im Blues und findet sich in vielen Stilen des Pop und Rock.

Beginne mit dem zweiten Finger auf dem 3. Bund der E-Saite (G). Folge dem Finger-Pattern für die restlichen Noten des Taktes und achte darauf, dass du deinen vierten Finger bis zum D auf dem 5. Bund der A-Saite streckst. Dieses Pattern wird auf dem Grundton jedes Akkords wiederholt. Halte alle Noten reibungslos miteinander verbunden und arbeite an der Koordination zwischen deiner Greif- und Schlaghand.

Dieses einfache Pattern funktioniert über jeden Dur-Akkord, also merke es dir und spiele es in verschiedenen Tonarten. Je mehr Lines und Licks du lernst, die über Akkorde passen, desto mehr kannst du sie beim Spielen abrufen.

Wenn du diese Übung gemeistert hast, versuche die Reihenfolge der Noten zu ändern. Dadurch erhältst du einige weitere Patterns, an denen du arbeiten kannst.

Beispiel 3a

Beispiel 3b führt die beiden Dominantseptakkorde G7 und C7 ein. Die Beschaffenheit des Dominantseptakkords führt dich tief in den Blues-Bereich hinein. Ein Septakkord besteht aus den Intervallen Grundton, Terz, Quinte und kleine Septim. Es ist die kleine Septim, die den bluesigen Klang des Akkords erzeugt.

Die Töne des Akkords G7 sind G, B, D und F. Beginne, indem du mit dem kleinen Finger zum b7 (F auf dem 8. Bund, A-Saite) slidest, bevor du mit dem dritten Finger die Sexte und dann mit dem ersten Finger die Quinte des Akkords spielst. Das Sliding mit dem vierten Finger kann knifflig sein, also gehe es vorsichtig an. Wechsle schnell zurück zum dritten Bund, um die Linie abzuschließen.

Ich empfehle dir dringend, die Intervalle zu lernen und dann ihre Position auf dem Griffbrett zu bestimmen. Wenn du dieses Beispiel spielst, stelle sicher, dass du jederzeit weißt, welches Intervall du spielst, da du dadurch lernst, selbstbewusst nach Gehör zu spielen.

Beispiel 3b

Es ist erstaunlich, wie so viele großartige Blues- und RnB-Bässe mit den gleichen wenigen Intervallen erzeugt wurden. Beispiel 3c verwendet wieder die Quinte, die große Sexte und kleine Septim, aber diesmal in einem anderen Pattern. Anstatt wie in Beispiel 3b eine Saite aufzusteigen, gehen wir nun von der A- zur E-Saite über.

Anstatt das Griffbrett nach oben zu sliden, um die b7 zu erreichen, können wir sie nun mit den anderen Noten dieser Lage spielen. Achte auf den Hammer-On vom ersten zum dritten Finger.

Speichere visuell ab, wo diese Intervalle sind, und gewöhne dich an ihre Klänge. Wenn du diese Übung beendet hast, ändere die Reihenfolge der dritten, vierten und fünften Note in jedem Takt, um eine neue Basslinie zu erzeugen.

Beispiel 3c

Einer der wichtigsten Klänge des Blues wird durch das *Blues-Noten*-Intervall (b5) erzeugt. Es *ist* einfach der Klang des Blues!

Ein weiteres wesentliches Stilmittel ist die Verwendung der kleinen Terz zur großen Terz als Durchgangston.

Beispiel 3d verwendet diese beiden Tricks, beginnend mit einem Hammer-On von der kleinen zur großen Terz mit dem ersten und zweiten Finger. Dies ist üblich, um Blues und RnB zu spielen und du solltest versuchen, diesen Sound in deine Linien einzufügen.

Verschiebe nach dem Hammer-On alles um einen Bund nach oben und slide mit dem dritten Finger vom 6. auf den 5. Bund. Die Note am 6. Bund ist die Blues-Note und klingt als Durchgangston großartig. Es klingt irgendwie „falsch", wenn man zu lange auf dieser Blues-Note bleibt, aber es fügt genau das richtige Maß an Spannung hinzu, wenn sie als Durchgangston verwendet wird.

Diese Art von Linie wird auch im Funk verwendet und ist ein gutes Beispiel dafür, wie ein Musikstil Innovationen aus anderen Genres ausleiht.

Beispiel 3d

Es gibt nur wenige schönere Klänge in der Musik als ein großartiges Blues-Lick. Hier ist eins, das Hammer-Ons, Pull-Offs, Slides und eine schnelle Handverschiebung mit der Bluestonleiter verwendet. Dies ist ein ziemlich vollwertiges Workout, das in Sololinien und Fills verwendet werden kann. Stell dein Metronom auf etwa 80 bpm ein und gehe dann langsam und stetig vor.

Beginne, indem du mit dem dritten Finger vom 11. zum 10. Bund slidest. Vielleicht erkennst du hier den Blues-Noten-Sound. Diesem folgt schnell das Lick von der kleinen zur großen Terz, das mit einem Hammer-On gespielt wird. In der zweiten Hälfte des ersten Taktes wird abwechselnd mit Zeige- und Mittelfinger gezupft.

Takt zwei beginnt mit zwei Hammer-Ons, gefolgt von einer schnellen Handverschiebung. Dies ist wahrscheinlich der schwierigste Teil der Übung. Slide mit dem dritten Finger vom Bund 8 zum Bund 10 der A-Saite und zupfe entweder die Saite am 8. Bund (F) oder slide ohne zu zupfen. Probiere beides aus, da du einen feinen Unterschied im Klang erhalten wirst. Der Slide wird mit dem dritten Finger ausgeführt, um dich in die Lage zu versetzen, den Rest der Linie zu spielen, ohne deine Greifhand zu bewegen.

Wenn du dir das gemerkt hast, bewegst du die Übung in Halbtönen den Hals hinunter, um in verschiedenen Tonarten zu üben. Jede Übung, die du in diesem Buch siehst, die Patterns ohne Leersaiten hat, kann auch verschoben werden. Die einheitliche Geometrie des Basses erlaubt es, relativ leicht in verschiedenen Tonarten zu spielen.

Beispiel 3e

Beispiel 3f ist eine alternative Fingersatzübung. Die 1/16-Noten bieten die Möglichkeit, Geschwindigkeit und Genauigkeit zu verbessern und die linke und rechte Hand aufeinander abzustimmen.

Dominantseptakkorde im Blues werden aus dem Mixolydischen Modus gebildet, der der fünfte Modus der Dur-Tonleiter ist. Hier durchlaufen wir den Mixolydischen Modus in einem erst absteigenden und dann aufsteigenden Pattern.

Als Bassist ist es wichtig, die richtige Tonleiter und das richtige Arpeggio für jeden Akkord zu kennen. Der Mixolydische Modus ist die perfekte Tonleiter für Dominantseptakkorde und es ist es wert, sich diese einzuprägen, damit du frei über die Dominantseptakkorde in einer Blues-Akkordfolge improvisieren kannst.

Sie gibt dir viele Optionen, die du im Blues und RnB verwenden kannst.

Halte dich genau an die angegebene Griffweise, die die Ein-Finger-pro-Bund-Technik verwendet. Stelle dein Metronom auf etwa 80 bpm ein und steigere es allmählich zur schnellsten Geschwindigkeit, mit der du bequem spielen kannst. Sieh dies als Herausforderung, um so schnell wie möglich zu spielen (aber immer die Kontrolle zu behalten, genau und fließend!). Die Fähigkeit, 1/16-Noten in hohem Tempo auszuführen, wird dich auf jeden Musikstil vorbereiten und dir die Kraft, Ausdauer und das Selbstvertrauen geben, die du brauchst, um gut Bass zu spielen.

Beispiel 3f

Die *chromatische Tonleiter* enthält alle zwölf Halbtöne innerhalb einer Oktave. Das nächste Beispiel verwendet die Chromatik, um die Noten aus dem Akkord zu verbinden und eine coole, vertraute Basslinie zu erzeugen. Diese synkopierte Übung testet deinen Groove und dein Rhythmusgefühl, sowie deine Fähigkeit, dich auf dem Griffbrett flüssig zu bewegen.

In Takt zwei wird die zweite Note mit dem vierten Finger der Greifhand gespielt, aber die nächste Note ist nur einen Bund tiefer und muss mit dem ersten Finger gespielt werden. Das bedeutet, dass man sich um den kleinen Finger drehen muss (drehe des Handgelenks der Greifhand und bewege deinen Ellbogen etwas auf deinen Körper zu), um auf dem 6. Bund zu landen. Dies hilft dir, flüssig von der vierten zur sechsten Lage des Griffbretts zu wechseln. Dasselbe geschieht in umgekehrter Richtung zwischen den Takten drei und vier.

Diese Übung hilft dir, dich in verschiedenen Bereichen des Griffbretts zu bewegen und gibt dir eine größere Reichweite und mehr Freiheit, deine Basslinien zu erweitern.

Beispiel 3g

Das nächste Beispiel beweist, dass es in manchen Situationen keine falsche Note gibt, und zeigt, dass das Hinzufügen von chromatischen Noten, wo es angebracht ist, deinem Spiel eine echte Raffinesse und „Hipness" verleihen kann.

Die Übung basiert auf einem C7-Arpeggio (C, E, G und Bb), verwendet aber jeden zweiten Ton der chromatischen Tonleiter, um ein Gefühl von Vorwärtsdrang und Spannung zu erzeugen.

Folge dem vorgeschlagenen Griffmuster, aber versuche auch, verschiedene Wege zu finden, um vom 3. zum 10. Bund zu gelangen. Die Art und Weise, die ich vorschlage, ist ziemlich ökonomisch mit der geringsten Anzahl von Lagenwechsel und setzt genügend Finger an die richtige Stelle, um die Linie bequem zu spielen. Jeder schnelle Wechsel wird ziemlich hart sein, wenn es dir also schwerfällt, isoliere diesen Teil und wiederhole ihn, um deine Finger zu trainieren.

Finde heraus, wo die C7-Noten (C, E, G und Bb) in dieser Übung sind und analysiere, wie dich die chromatischen Noten zu ihnen führen. Um an deinem Timing zu arbeiten, stelle das Metronom auf 45 bpm ein und fühle diese Klicks als Schläge „zwei" und „vier" (dies ist der *Backbeat* - wenn die Snare Drum auf die Schläge 2 und 4 trifft). Das bedeutet, dass das Tempo tatsächlich 90 bpm beträgt, aber du hörst nur die Hälfte der Anzahl der Klicks. Deine interne Uhr muss dazu schlagen, um die Lücken zu füllen. Bleib dabei und wiederhole das Beispiel so lange, bis du spürst, wie du richtig im Groove bist.

Beispiel 3h

Blues-Basslinien werden oft mit einem Shuffle-Feeling in 12/8 gespielt und das nächste Beispiel untersucht dies und fügt einige *Synkopen* (Off-Beat-Akzente) hinzu. Die synkopierten Noten in den Takten 3 und 4 sollten nicht überstürzt oder vorweggenommen werden. Benutze deinen vierten Finger, um alles auf dem 5. Bund zu spielen, da die Dehnung auf diese Weise bequemer ist. Wenn es mit deinem dritten Finger allerdings bequemer ist, dann zögere nicht, ihn zu benutzen.

Die Ausnahme ist in Takt vier, Schlag 3, wo es einen schwierigen „*Bend and Release*" gibt. Verwende hier deinen zweiten Finger, um deinen dritten Finger zu unterstützen, um mehr Kontrolle beim Bending des Tons zu erhalten. Bende den 5. Bund (C) um einen Halbton nach oben auf C# und lasse dann wieder auf C los. Die nächste Note (Bb) wird auf der dritten 1/8-Note dieses Schlages gespielt. Hör dir das Audiobeispiel an, um zu hören, wie es geht. Achte darauf, dass du das „Bend and Release" selbstbewusst und im Timing spielst.

Stell dein Metronom auf 100 bpm und zähle drei 1/8-Noten in jedem Takt, um den 12/8-Groove zu spüren. *Red House* von Jimi Hendrix ist ein gutes Beispiel für einen langsamen 12/8-Blues-Shuffle.

Beispiel 3i

Beispiel 3j enthält viele der Blues-/ RnB-Standards in einer Übung. Es basiert auf einem E7-Arpeggio und verwendet einige chromatische Noten zum Umspielen eines einfachen E-Dur-Akkord im ersten Takt. Takt zwei hat eine coole, synkopierte chromatische Linie, die zu einem Abwärtslauf des E-Mixolydischen Modus in Takt drei führt. Takt vier endet mit einem E7-Arpeggio. Konzentriere dich darauf, die einzelnen Takte reibungslos miteinander zu verbinden und mit viel Gefühl zu spielen.

Du kannst alle Ideen dieser Übung in deinen Basslinien verwenden. Merk dir die Patterns und Klänge. Visualisiere, wo sich die Noten des Dreiklangs, des Arpeggios und des Modus befinden und welche Klänge sie erzeugen. Dies ist sowohl eine Übung für das Gehör als auch eine technische Übung.

Das ganze Beispiel findet in der sechsten Lage statt (mit dem ersten Finger am 6. Bund) und die anderen Finger werden je einen pro Bund platziert. In diesem einen kleinen Bereich des Griffbretts sind viele kreative Basslinien zu finden, ohne die Hand zu bewegen, also geh auf Entdeckungsreise!

Beispiel 3j

Funk

Funk-Basslinien weisen oft Synkopen und Wiederholungen auf. Der „Funk" entsteht durch die Art und Weise, wie du die Noten spielst, und es ist eine unverwechselbare Einstellung in deinem Anschlag erforderlich. In diesem Kapitel werden die wichtigen Artikulationen des Funk-Bass-Spiels vorgestellt. Man kann Funk nicht erwähnen, ohne über Slap-Bass zu sprechen, also findet man auch einige coole Übungen, um an dieser Technik zu arbeiten. Gerade im Funk ist es wichtig, präzise und „in the Pocket" zu spielen, daher ist die Verwendung eines Metronoms oder eines Drumcomputers für all diese Beispiele unerlässlich. Obwohl viele Funk-Basslinien eine Menge Fingerfertigkeit erfordern, wird oft ein aggressiver, hart zupfender Spielstil gefordert. Orientiere dich an Größen wie Bernard Edwards oder Louis Johnson, wenn du diese spielst!

Francis Rocco Prestia III setzte mit seinem 1/16-Bass-Spiel Maßstäbe während seiner Zeit bei Tower of Power und Come On Come Over auf Jaco Pastorius' Solo-Album ist ein weiteres großartiges Beispiel für diesen Stil. Es ist unglaublich befriedigend zu spielen, aber schwer auszuführen, ohne zu hetzen oder zu bremsen. Übe Beispiel 4a mit einem Metronom, um an dieser Fähigkeit zu arbeiten. Ziel ist es, 120 bpm zu erreichen, aber beginne viel langsamer.

Die Fingersatzangaben sind wichtig, vor allem am Ende des ersten Taktes, wo die letzten beiden Töne mit dem vierten Finger der Greifhand gespielt werden. Dadurch wird die Hand in die richtige Lage gebracht, um das D auf dem 5. Bund der A-Saite mit dem zweiten Finger zu spielen.

Zupfe abwechselnd mit dem Zeige- und Mittelfinger und beginne die Linie mit dem Zeigefinger. Wenn du dich damit sicher fühlst, wechsle und versuche, mit dem Mittelfinger zu beginnen. Wahrscheinlich wirst du feststellen, dass du lieber mit einem Finger beginnst als mit dem anderen. Dann benutze diesen.

Wenn du diese Übung verlangsamt übst, stelle sicher, dass die Finger beider Hände sich erst kurz bevor sie tatsächlich gespielt werden zur nächsten Note oder Saite bewegen, da dies Geschwindigkeit und Genauigkeit aufbaut. Der Bewegungsablauf zwischen deinen Händen muss in ihrer Ausführung maschinenähnlich sein, also vermeide so viele unnötige Bewegungen wie möglich. Es kann sein, dass du dich dabei ertappst, mehr auf deine Greifhand als auf deine Schlaghand zu schauen, aber überprüfe, dass beide genau das tun, was sie tun sollen. Der Blick auf nur eine Hand kann manchmal die andere Hand mit schlampigen Gewohnheiten davonkommen lassen. Lass das nicht zu!

Beispiel 4a

Ghost Notes spielen eine große Rolle im Funk-Bass. Hier wird nicht wie sonst üblich Druck gegen das Griffbrett ausgeübt, sondern die Saite wird nur berührt, ohne sie komplett nach unten zu drücken. Dadurch entsteht ein dumpfer, perkussiver Sound, der Rhythmus und Groove, aber nicht unbedingt eine Tonhöhe hinzufügt. Allerdings kann dies manchmal einen versehentlichen Flageolettton erzeugen. Um dies zu vermeiden, drücke nicht direkt über einem Bund, sondern versuche stattdessen, mehr „zwischen" zwei Bünde zu zielen. Eine andere gängige Methode, einen Flageolettton zu vermeiden, ist die Verwendung von mehr als einer Fingerspitze zum Spielen der Ghost Notes. Dies stellt sicher, dass die Saite vollständig gedämpft ist und erzeugt ein sattes, dumpfes Geräusch.

Beispiel 4b ist inspiriert von Bernard Edwards von Chic, der diese Techniken benutzte, um die Füße zum Tippen und die Songs zum Grooven zu bringen. Arbeite die Notation, TAB und Fingermarkierungen Stück für Stück durch. Es hilft zu wissen, dass alles, was du spielst, eine einfache pentatonische Idee in g-Moll ist, also benutze dieses vertraute Pattern, um das zu verinnerlichen.

G Minor Pentatonic

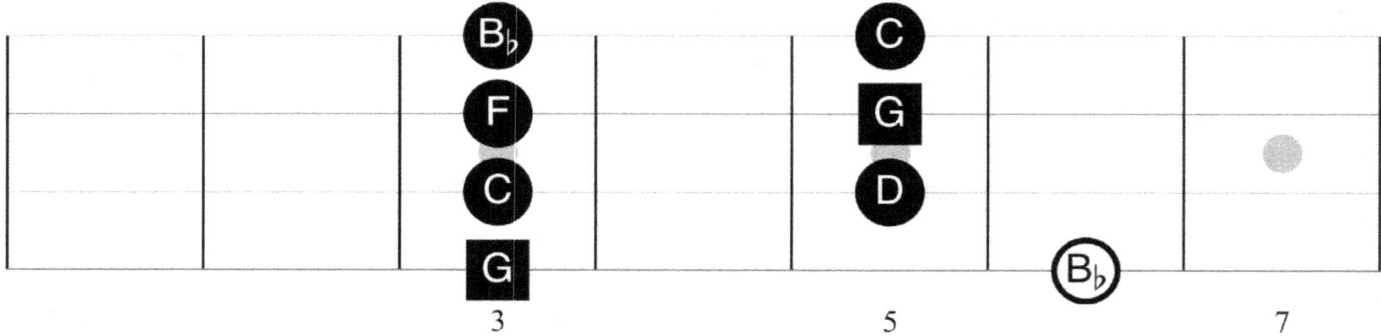

Beispiel 4b

Beispiel 4c kombiniert wieder Ghost Notes und Hammer-Ons, aber diesmal wird ein Slap auf einer i-III-iv-v-Folge (f#-Moll, A-Dur, b-Moll und c#-Moll) in der Tonart f#-Moll benutzt. Folge hier genau den Slap (S)- und Pop (P)-Markierungen. Das Zusammenspiel zwischen linker und rechter Hand beim Slappen ist ähnlich wie beim Trommeln und die Rhythmen werden mit Greifhand-Techniken genauso erzeugt wie die offensichtlichen Slaps und Pops. Das Timing ist hier entscheidend, also hol das Metronom raus.

Die Hammer-Ons, Pull-Offs, Ghost Notes, Slaps und Pops sind alle an der gleichen Stelle, wenn die Akkorde wechseln, so dass, wenn man die erste Hälfte des Taktes hinbekommt, der Rest fließen sollte.

Das Muting beim Slapping ist unglaublich wichtig, wird aber oft im Eifer der spaßigeren Ganzen gern übersehen. Deine Slapping-Hand wird zu sehr damit beschäftigt sein, ihr Ding zu tun, um zu dämpfen, also muss deine Greifhand die Lücke hier ausfüllen.

Sehen wir uns das mal näher an.

In Takt eins kann man mit dem ersten Finger die A-, D- und G-Saite leicht halten, während die E-Saite gegriffen wird. Der zweite und dritte Finger sind nicht in Gebrauch, so dass auch sie dämpfen können.

In Takt zwei ist die E-Saite nicht in Gebrauch. Berühre mit der Spitze deines Zeigefingers die Unterseite der Saite, um sie zu dämpfen. Es ist unangenehm, sich daran zu gewöhnen, aber wenn man es eine Zeit lang übt, wird es sich ganz natürlich anfühlen. Die D- und G-Saiten werden wieder mit dem ersten Finger gehalten und gedämpft.

Verwende diese Übung, um deine eigene Technik für die Saitendämpfung aufzubauen. Es ist eine relativ langweilige Sache, die man machen muss, aber es macht dein Spiel „tight" und wird dich fantastisch klingen lassen. Der Unterschied zwischen einem durchschnittlichen Spieler und einem Top-Level-Spieler sind die kleinen Details wie die Saitendämpfung.

Beispiel 4c

Funk-Linien beinhalten oft viele verschiedene Artikulationen und die nächste Übung kombiniert 1/16-Fingerstyle, Hammer-Ons, Slides und Handverschiebungen in einer flüssigen Linie.

Die Beherrschung der Schlaghand ist besonders knifflig bei einer solchen Linie. Sowohl bei den Slides als auch bei den Hammer-Ons wird das abwechselnde Zupfen unterbrochen. Achte bei den Aufwärtsläufen auf einen konstanten Wechselschlag. Verwende auf dem Weg zurück nach unten die „Raking-Technik", um mit einem Finger von einer Saite zur nächsten zu gelangen, wenn du es einfacher findest.

Ehrlich gesagt gibt es viele, viele Schlaghandkombinationen für solche Linien, und es gibt keinen falschen Weg, es zu tun, solange die Linien grooven. Experimentiere, um zu sehen, was für dich funktioniert.

Im ersten Takt slidest du von zwei Bünden unterhalb zur Note auf dem 11. Bund und hältst den Daumen der Greifhand dabei an der gleichen Stelle hinter dem Hals. Alle notierten Slides in diesem Beispiel sollen auf diese Weise gespielt werden. Der Daumen fungiert als Drehpunkt, wenn du den dritten Finger den Hals hinauf und sofort wieder zurückschießen lässt.

Die Takte drei und vier sind identisch. Im ersten Slide beginnst du mit dem dritten Finger auf dem 3. Bund und verschiebst die Hand (indem du den Daumen der Greifhand hinter dem Hals sliden lässt), um mit dem gleichen Finger auf dem 5. Bund zu landen. Spiele den folgenden Slide, wie im vorigen Abschnitt beschrieben. Man kann sich diesen Slides und Verschiebungen nicht halbherzig nähern, also los! Stell das Metronom auf 90 bpm ein und konzentrier dich auf die Genauigkeit. Mach so viele Fehler wie nötig.

Beispiel 4d

Wenn du jemals Bobby Vega spielen gehört hast, dann weißt du, wie erstaunlich funky ein Bass klingen kann, wenn er mit einem Plektrum gespielt wird. Der Schlüssel zum Spielen von Funkstilen mit einem Plektrum ist es, eine konstante Bewegung mit der Plektrum-Hand aufrechtzuerhalten. In Beispiel 4e wird dies durch die Plektrum-Markierungen gezeigt, und diese helfen dir, bei der Platzierung von Down- und Upstrokes gleichmäßig zu sein. Schlage alle Downbeats mit einem Downstroke an und unterteile dann jeden Schlag in 1/16-Noten, indem du „down", „up", „down", „up" spielst. Halte einfach diese Bewegung aufrecht und schlage die Saiten der Noten an, die du spielen musst.

Ein weiteres Merkmal dieser Übung sind die Akzente und Ghost Notes auf den Schlägen 2 und 4. Spüre den Backbeat, denn das bringt den Funk zum Vorschein. Halte dich genau an die Staccato-Töne, da der Kontrast cool klingt.

Schließlich gibt es einen 1/4-Noten-Bend auf der letzten Note. Spiele dies mit deinem vierten Finger, aber wenn das zu anstrengend ist, dann benutze für mehr Kraft deinen dritten Finger neben dem vierten.

Es ist eine Menge los in der Übung, also geh es langsam an. Die Hauptpunkte, die es zu beachten gilt, sind die konstante Bewegung des Plektrums (Unterteilung in 1/16) und die Akzentuierung der Schläge 1 und 4. Hör dir das Audio an, um ein Gefühl für diese komplexe Idee zu bekommen.

Beispiel 4e

Als nächstes kommt eine spaßige Idee, die aus drei absteigenden ii-V-Patterns mit Slides und Akkorden besteht. Der Akkord ist eine Moll-Sept-Akkord-Form, die auf der A-Saite ihren Grundton hat:

Minor 7 Chord Shape (A string root)

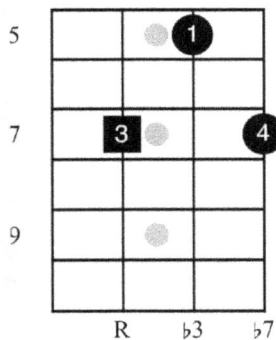

Du kannst von überall her mit dem dritten Finger in den Akkord sliden, aber versuche, etwa zwei oder drei Bünde unterhalb des Ziels zu beginnen.

Es ist ziemlich knifflig, alle Noten des Akkords zu greifen, während man sie klingen lässt. Am besten krümmst du die Finger der Greifhand und spielst direkt auf den Fingerspitzen. Spiele die erste Note des zweiten Taktes mit dem ersten Finger, so dass du dann einen schönen Lauf nach oben hast, um in den nächsten Noten zu sliden.

Die letzten vier Noten des Taktes sind die Septim und die Dezime (Terz) des F#7-Akkords. Diese Noten klingen cool, wenn man sie einzeln oder zusammenspielt, um einen Doppelgriff zu erzeugen.

Beispiel 4f

Beispiel 4g ist eine Slap-Übung, die Swing-1/8-Noten und gerade 1/16-Triolen enthält, um deinen inneren Schlagzeuger aus dir herauszuholen. Diese Übung arbeitet an der Koordination von linker und rechter Hand, um schnelle, komplex klingende Figuren zu schaffen.

Hör dir an, wie die Swing-Achtelnoten gespielt werden sollen. Vieles beim Slap-Spiel ist auf das Zusammenspiel beider Hände zurückzuführen - ein bisschen so, wie man Rhythmen durch Trommeln auf einem Tisch erzeugt. Durch das Slappen und Poppen sieht es so aus, als ob die rechte Hand der Ursprung der Rhythmen ist. Es sind jedoch die Greifhandartikulationen, die die komplexen Rhythmen erzeugen.

Spiele die 1/16-Noten-Sektion langsam durch, wobei alle Bewegungen so minimal wie möglich gehalten werden. Das Timing zwischen beiden Händen ist hier der Schlüssel. Isoliere diesen Abschnitt und arbeite dich bis zum vollen Tempo (ca. 90 bpm) vor, aber nur, wenn du die Artikulationen bei langsamer Geschwindigkeit gut spielen kannst.

In den Takten drei und vier ist das Pattern gleich, außer, dass es auf der A-Saite beginnt. Der einzig knifflige Teil hier ist, den Schlag 1 beim Übergang auf die andere Saite genau zu treffen. Wie bei jeder Slap-Übung, achte auf unerwünschte Geräusche und vermeide diese durch Saitendämpfung mit der Greifhand.

Beispiel 4g

Die nächste Akkordfolge ist I ii IV V ii (G-Dur, a-Moll, C-Dur, D-Dur, a-Moll) in der Tonart G-Dur und verwendet einige Doppelgriffe in den Terzen und Arpeggien mit Grundton, Quinte und Terz. Takt drei enthält einen schnellen 1/16-Notenlauf, der die Finger der Schlaghand zum Arbeiten bringt und das Timing zwischen beiden Händen strafft.

Spiele die Doppelgriffe mit dem ersten und vierten Finger und zupfe mit dem Zeige- und Mittelfinger. Du musst schnell zum Arpeggio auf dem 3. Schlag übergehen, aber du hast eine 1/4-Pause, in der du den Sprung machen kannst. Es ist wichtig, die Hand in die gewünschte Form zu bringen, da in diesem Voicing Noten in schneller Folge auf den Saiten E, D und dann G gespielt werden.

Wenn du die Phrase ab Schlag 3 des ersten Taktes (über dem a-Moll-Akkord) spielst, bewegst du deinen ersten Finger nicht, nachdem du das A auf dem 5. Bund der E-Saite gegriffen hast, weil nicht genug Zeit bleibt, den Finger auf den 5. Bund der G-Saite zu bewegen und dann den nächsten Doppelgriff zu spielen. Bleib stattdessen mit deiner Greifhand in dieser Lage und spiele das C mit dem unteren Teil deines ersten Fingers. Das ist anfangs unangenehm, aber mit etwas Übung wirst du es schaffen. Übe, mit dieser Technik von A zu C zu gehen. Das ist nichts, was wir Bassisten normalerweise tun, aber dennoch eine nützliche Technik.

Mit dem ersten Finger rollst du vom 5. Bund auf den Saiten D nach G und dann von A nach D im dritten Takt. Du hast dann einen halben Takt Pause, um wieder zurück zum Anfang zu kommen, also wechsle schnell die Lage.

Beispiel 4h

Die Moll-Pentatonik ist eine der nützlichsten Tonleitern in jedem Musikstil und man sollte sie am Bass genau kennen. Das nächste Beispiel verwendet die g-Moll-Pentatonik und lässt sich von Norman Watt Roys Killer-Basslinie auf *Hit Me With Your Rhythm Stick* von Ian Dury and the Blockheads inspirieren.

The First Two Shapes of G Minor Pentatonic

Es ist schwer, 1/16 gleichmäßig zu spielen, wenn sie sich so schnell über alle Saiten bewegen. Achte darauf, dass alle Noten gleich lang sind und dass du abwechselnd mit den Fingern der Schlaghand spielst. Ich finde es viel einfacher, den ersten und zweiten Ton des Taktes in diesem Beispiel mit dem Zeigefinger zu zupfen. Es geht so viel leichter in die Finger, wenn man schnelle, gleichmäßig gruppierte Noten wie diese spielt.

Diese Übung verwendet die ersten beiden Formen der g-Moll-Pentatonik über alle vier Saiten des Basses. Für ein weiteres Training und zum Erlernen der restlichen Pentatonik-Formen bewegst du dich auf ähnliche Weise durch die restlichen Formen.

The 5 Shapes of G Minor Pentatonic

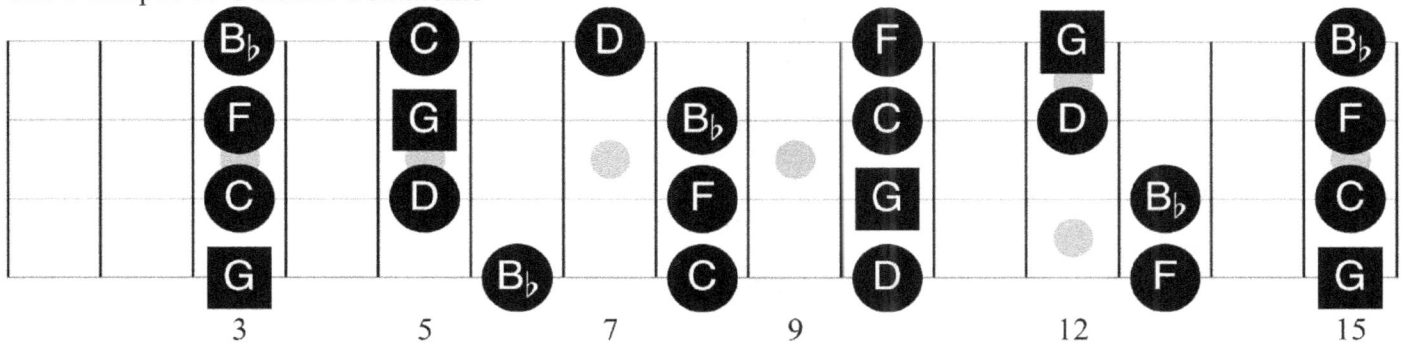

Beispiel 4i

Hammer-Ons und Pull-Offs klingen am Bass so gut, wenn sie mit Energie gespielt werden und im Takt sind. Das nächste Beispiel hat ein 1/16-Triolen-Hammer-On-/ Pull-Off-Lick, gefolgt von einem Pull-Off auf der letzten 1/16-Note von Schlag 3. Das Hauptaugenmerk dieser Übung sollte darauf liegen, diesen Pull-Off rechtzeitig zu erreichen, ohne die Note vorwegzunehmen.

Der erste Takt ist nur eine Vorbereitung für das, was im zweiten Takt stattfindet. Damit der Hammer-On/Pull-Off klingen kann, musst du deinen dritten Finger gekrümmt und leicht starr halten, damit der Ton, wenn du den Hammer-On auf den 3. Bund spielst, so laut ist wie ein gegriffener Ton. Um die richtige Lautstärke für den Pull-Off zu erhalten, stelle sicher, dass du den 3. Finger nach unten in Richtung Boden schnellen lässt. Stell dir vor, du zupfst die Saite mit dem dritten Finger deiner Greifhand. Arbeite daran (ebenso wie an den Hammer-Ons), bis du eine gleichmäßige Laustärke zwischen gezupften Noten, Hammer-Ons und Pull-Offs erreichst. Dann kannst du anfangen, Spaß mit diesen Artikulationen zu haben, die die Tür zu anderen Techniken wie Slapping und Tapping öffnen.

Das Timing des F auf dem 10. Bund der G-Saite in Takt zwei ist, gelinde gesagt, ungünstig. Es wird auf der letzten 1/16-Note des Taktes gespielt und ist viel schwieriger als das Spielen einer Note auf dem Schlag oder dem halben Schlag. Isoliere diesen Abschnitt und zähle, indem du den Schlag unterteilst, damit du die Note an der richtigen Stelle treffen kannst.

Ich mache so ein Geräusch in meinem Kopf: „**da** ga da ga, **da** ga da ga, **da** ga da ga, **da** ga da ga", wobei die fettgedruckte Silbe der Schlag ist. Du kannst das schnell sagen, deshalb mache ich es. Das F würde also auf dem zweiten „ga" des 3. Schlags liegen.

Der Punkt ist, dass du eine Art Zählsystem brauchst, wenn du die Schläge in 1/16 unterteilst, sonst rätst du den Rhythmus nur und dein Spiel wird ungenau. Du kannst dies beim Laufen draußen üben (obwohl du etwas komisch aussehen könntest, wenn du dich zu sehr konzentrierst!) Mach jeden Schritt zu einem Schlag und unterteile dann jeden in vier 1/16 mit Hilfe des *da ga da ga* Sounds. Das hilft deinem Timing, Groove und Rhythmusgefühl ohne Ende! Ein starkes Rhythmusgefühl ist das wichtigste Werkzeug, das ein Bassist haben kann.

Beispiel 4j

Rock

Wie der Jazz kann auch der Rock nicht nur durch einen Stil definiert werden - es gibt so viel mehr in diesem Genre. Allerdings sind einige Merkmale unbestreitbar rockig, und in diesem Kapitel spiegeln die Übungen dies wider. Rock-Basslinien sind oft solide, bodenständige Linien, erfordern aber manchmal kompliziertere Techniken in progressiven Stilen.

Ein gemeinsames Element des Rockbass-Spiels ist die innere Haltung. Selbst, wenn du eine relativ einfache Linie spielst, wird die Art und Weise, wie du die Noten anspielst (und auch dein Ton), bestimmen, ob sie rockig klingt oder nicht. Eine Möglichkeit, einen aggressiven Up-Front-Sound zu erhalten, ist die Verwendung eines Plektrums und die ausschließliche Verwendung von Downstrokes, um ein treibendes Gefühl zu erzeugen, was perfekt für diese Art von Linie ist. Es wird deine Kondition fordern, diese Energie den ganzen Track lang beizubehalten, also ist Ausdauer der Schlüssel, aber hör auf, wenn du irgendeine Belastung spürst.

In Beispiel 5a konzentriere dich darauf, alle Noten mit der gleichen Intensität zu spielen, ohne zu beschleunigen oder zu verlangsamen. 1/8-Noten sind eine Grundzutat des Rockbass-Spiels, aber es ist gar nicht so leicht, sie wirklich gut zu spielen. In den Takten drei und vier benutzt du deinen vierten Finger auf den Noten des 3. Bunds anstelle des dritten Fingers, wenn dir das leichter fällt.

Ziel ist es, diese Übung bis etwa 150 bpm zu spielen, aber wie immer, fang langsam an und beschleunige allmählich.

Beispiel 5a

Beispiel 5b ist identisch, verwendet aber nun einen Wechselschlag. Es kann schwieriger sein, die Noten gleichmäßig klingen zu lassen, da sich die Up- und Downstrokes etwas anders anhören, konzentriere dich also darauf, alles konstant zu halten. Der Vorteil des Wechselschlags ist die erhöhte Geschwindigkeit, so dass es sich auf jeden Fall lohnt.

Lege den Ballen deiner Schlaghand auf der E-Saite ab, wenn du sie nicht spielst, und hol dir etwas zusätzliche Stabilität, indem du dein Handgelenk leicht auf dem oberen Teil des Korpus aufstützt, wo immer es bequem ist. Diese Verankerung hält deinen Körper stabil und ermöglicht eine maschinenähnliche Mechanik deiner Down- und Upstrokes. Halte die Plektrum-Bewegungen klein, um einen effizienten Gesamtablauf sicherzustellen und achte darauf, dass das Plektrum nach dem Anschlagen der Saite nicht zu weit in eine Richtung wandert.

Wenn du überflüssige und ineffiziente Bewegungen deiner Finger und Hände vermeidest, bist du auf dem besten Weg, ein exzellentes Bass-Spiel zu entwickeln.

Beispiel 5b

Eine viel verwendete Technik im Rockbass-Spiel ist die Verwendung von Leersaiten beim Spielen am Hals. *Hysteria* von Muse ist ein hervorragendes Beispiel dafür und die nächste Übung verwendet eine ähnliche Idee. Dies ist eine großartige Übung, um das Griffbrett zu öffnen und zu lernen, in verschiedenen Lagen weiter oben auf dem Hals zu spielen.

Wenn du die Leersaite spielst, hast du den Bruchteil einer Sekunde Zeit, die du benötigst, um deine Greifhand in Position zu bringen, also führe die Verschiebung unmittelbar nach dem Greifen der vorherigen Note aus.

Es gibt viele Möglichkeiten, vom 2. zum 12. Bund zu navigieren, aber folge zunächst dem vorgeschlagenen Fingersatz. Erkunde jedoch auch andere Wege, wenn du welche findest. Solange die Linie flüssig bleibt und es keine Stolpersteine gibt, ist sie in Ordnung.

Zupfe den ersten Ton mit deinem Zeigefinger und halte dann eine strikte, wechselnde Zupftechnik ein. Dadurch wird sichergestellt, dass der längere Mittelfinger immer die D-Saite spielt, während der Zeigefinger die A-Saite spielt und dass es gut in den Fingern liegt. Versuche, die Übung mit dem Mittelfinger zu zupfen und schau, wie unangenehm sich das anfühlt!

Beispiel 5c

Unter Beibehaltung der Leersaiten verwendet diese Übung den Modus mit dem schönen Namen *Phrygisch-Dominant*. Dies ist der fünfte Modus der harmonischen Molltonleiter und das b2-Intervall, gekoppelt mit der großen Terz in den ersten beiden Noten, klingt nach hartem Metal.

Der ¾-Takt stellt eine interessante Herausforderung für die Schlaghand dar. Egal mit welchem Finger du beginnst, du wirst den nächsten Takt immer mit dem anderen Finger beginnen. Wenn du also zuerst mit dem Zeigefinger zupfst, landet der Mittelfinger auf Schlag 1 des nächsten Taktes und umgekehrt.

Wie im vorigen Beispiel finden die Greifhandverschiebungen statt, wenn die Leersaiten gezupft werden. Die zwei 1/16-Noten am Anfang des Taktes sind ziemlich schwierig im Takt zu spielen, also lass die Zeige- und

Mittelfinger Überstunden machen. Um dich auf diesen Rhythmus zu konzentrieren, isoliere die ersten drei E-Noten (zwei 1/16-Noten und eine 1/8-Note) und wiederhole sie, bis es sitzt.

Beispiel 5d

Das nächste Beispiel basiert auf einer iii-IV (e-Moll nach F-Dur)-Akkordfolge in der Tonart C-Dur. Diese Übung verwendet die aus jedem dieser Akkorde gebildeten Modi (E-Phrygisch und F-Lydisch) und erinnert an eine Dream Theater Unisono-Linie.

Die ersten beiden Takte liegen bequem unter den Fingern, aber der Übergang von Takt zwei zu drei erfordert einen schnellen Wechsel mit dem ersten Finger der Greifhand. Damit kannst du drei Noten auf der gleichen Saite über fünf Bünde spielen. Achte hier auf das Finger-Pattern. In der Wiederholung schiebst du den ersten Finger schnell zum 7. Bund der A-Saite (E) zurück.

Der kniffligste Teil dieser Übung ist die Artikulation der 1/8-Note und zweier 1/16-Rhythmen, und sie wird deine Pizzicato-Fähigkeiten herausfordern.

Beispiel 5e

Ich bin ein großer Fan von Progressive Rock und diese nächste Übung ist eine Hommage an Steve Vai, der es liebt, alle möglichen komplexen Harmonien und Metren zu verwenden. Diese Übung könnte deinem Gehirn ein wenig wehtun, da die Taktart von 11/16 auf 12/16 wechselt. Bleib aber dabei, es ist viel einfacher als du denkst.

Der Schlüssel zum Knacken ungerader Taktarten (ungerade im Namen und im Charakter!) ist, sie in überschaubare Stücke zu zerlegen. Dieses Beispiel wurde um einfach spielbare Links- und Rechtshand-Patterns mit Slaps, Pops und Hammer-Ons geschrieben. Wenn du es einmal verstanden hast, wirst du sehen, dass es ziemlich leicht in die Finger geht.

11/16 bedeutet, dass es elf 1/16-Noten in einem Takt gibt. Leider gibt es keine wirkliche Möglichkeit zu beschreiben, wie man das auf dem Papier zählen kann, ohne dass es kompliziert klingt, aber ich versuche es mal!

Der erste Trick ist, elf 1/16-Noten im Kopf nicht zu zählen, sondern sie aufzuteilen. Tippe mit dem Fuß in acht Noten und halte die 1/16-Noten im Kopf konstant, so dass jeder Fuß-Tap zwei 1/16-Noten enthält. Da die ersten vier Noten in diesem Beispiel alle 1/8-Noten sind, kannst du „eins, zwei, drei, vier" zählen, indem du einfach deinem Fuß folgst.

Der nächste Tap ist der knifflige Moment. Dieser Tap dauert drei 1/16, also nachdem du „eins, zwei, drei, vier" gezählt hast, zählst du „eins, zwei, drei" in 1/16 (doppelte Geschwindigkeit der Achtel, die du getippt hast). Gehe langsam vor, bis du es hinkriegst und befolge die Slap-, Pop- und Hammer-On-Markierungen genau, bis sich die Noten gut in den Fingern anfühlen. Hör dir das Audio an und versuche, eine Weile mit zu zählen, bevor du spielst.

Teile auch Takt vier auf. Dieser Takt ist in 12/16 und man kann an den Gruppierungen der 1/16-Noten erkennen, dass es eine Gruppe von sieben gefolgt von einer Fünfergruppe gibt (was zwölf 1/16 im Takt ergibt). Man kann verstehen, warum die Leute sagen, hier treffe Musik auf Mathematik!

Spiele die Pops mit dem Zeigefinger, bis du bei Takt vier den Mittelfinger wie angegeben einsetzt. Der Zeigefinger hat keine Zeit, um nach dem Zupfen des F zur G-Saite zu gelangen. Kehre für den nächsten Pop zum Zeigefinger zurück. Spiele die Siebenergruppe langsam, dann die Fünfergruppe. Wenn du dir sicher bist, kombiniere den ganzen Takt.

Wenn du nicht daran gewöhnt bist, in ungeraden Taktarten zu spielen, wird dies etwas gewöhnungsbedürftig sein, aber es ist so befriedigend, wenn du es hinkriegst!

Beispiel 5f

Les Claypool von Primus ist deutlich von der Jazz-Größe Stanley Clarke beeinflusst, vor allem durch den Einsatz von Strums und Slaps. Diese nächste Übung verwendet eine Linie im Primus-Stil mit einem Hauch von Flea, um einen Rock-Slap-Vibe zu erhalten. Die „5" neben jedem Akkord bezeichnet einen *Powerchord*, der einfach ein Akkord ist, der den Grundton und die Quinte enthält. Ein mit Verzerrung gespielter Powerchord ist das Geheimnis vieler Rock-Rhythmus-Gitarren. Auch am Bass klingen sie unglaublich voll und kräftig.

Du kannst diese Akkorde mit dem Nagel des Zeigefingers deiner Schlaghand spielen, als ob du ein Plektrum halten würdest, oder einen „*Brush Stroke*" verwenden, der durch den Pfeil in der TAB-Notation gekennzeichnet ist und mit dem „fleischigen" Teil deines Daumens angeschlagen wird. Benutze Downstrokes und experimentiere sowohl mit Brush Strokes als auch mit Strums.

Der Doppelgriff auf Schlag 2 wird durch einen Barrégriff des ersten Fingers gespielt, so dass du keinen Schlag verpasst, wenn du die beiden Noten als Pops mit Zeige- und Mittelfinger spielst.

Um den Slap mit den Strums zu kombinieren, ist es wichtig, dass du mit deinen Bewegungen kompakt bleibst. Es ist verlockend, den Strums ein bisschen von der „Windmühlen-Technik" im Stil von Pete Townsend zu geben, aber dann ist man beim nächsten Pop nicht mal in der Nähe des 5. Bundes, also lass den Strum eine kleine Bewegung sein.

Beachte, dass viele Techniken kleine Bewegungen erfordern, um echte Präzision zu erreichen.

Beispiel 5g

Es gibt eine Vielzahl von verschiedenen Bending-Techniken und die nächste Übung arbeitet an drei davon. Diese sind: Standard-Bending, Pre-Bend/ Release und Bend/ Release. Sie alle haben leicht unterschiedliche Nuancen und erfordern unterschiedliche Ansätze. Wo du „1/2" im TAB geschrieben siehst, bezeichnet es ein Halbton-Bending.

Unterstütze den dritten Finger mit dem zweiten Finger, wenn du in dieser Übung einen Bend versuchst. Dies gibt dir viel mehr Kontrolle und ermöglicht es dir, die gewünschte Tonhöhe genauer zu benden. In Takt zwei benötigst du die Kraft beider Finger, um den Ganzton-Bend zu spielen. Versuche, vor dem Bend den Zielton zu spielen, da dies deine Ohren und Finger trainiert, den Zielton genau zu treffen.

Der Bend in Takt drei ist ein Pre-Bend/ Release. Nach den ersten drei gezupften Tönen hast du eine Lücke von zwei 1/8-Noten, um den 5. Bund der G-Saite *ohne* Zupfen um einen Halbton nach oben zu benden. Das ist der Pre-Bend. Einmal gezupft, lässt du die Note einfach wieder auf die Tonhöhe (C) los.

Der Bend/ Release im letzten Takt ist ähnlich, außer, dass du die erste Note beim Bending zupfst. Wenn du die Note um einen Halbton nach oben gebendet hast, lass sie wieder auf das C zurückgehen, so dass du die Tonhöhenänderung hörst. Hör dir die Beispiele an, um diese feinen Unterschiede zu hören.

Beispiel 5h

Billy Sheehan ist wohl der König der explosiven Rockbass-Technik und diese nächste Übung ist ein anerkennendes Nicken an ihn. Die Linie verwendet die Legato-Technik (sanfte Melodien, die mit Hammer-Ons und Pull-Offs erzeugt werden), um einen weicheren Klang als mit gezupften Noten zu erzeugen. In diesem Beispiel sind die Hammer-On Patterns aus der natürlichen a-Molltonleiter.

Auf Schlag 3 des ersten Taktes sollte deine Greifhand in der sechsten Lage sein. Um das G auf dem 5. Bund der D-Saite zu spielen, muss der erste Finger aus dieser Lage herausgestreckt werden. Dies wird manchmal als erweiterte Griffweise bezeichnet und ist nützlich, wenn man komplexe Patterns auf dem Bass spielt. Es ist eine leichte Dehnung, aber trotzdem eine gängige Haltung der Hand.

Halte die Finger entspannt und gekrümmt, während du die Noten mit Hammer-Ons spielst. Die letzte Note jeder Phrase sollte staccato gespielt werden, damit du den Anschlag der Greifhand üben kannst, und du musst geschickt sein, um den Hammer-Ons mit einer so kurzen Note zu folgen.

Der vierte Finger wird in dieser Übung viel benutzt und das wird dir helfen, seine Kraft aufzubauen. Eine häufige Hürde bei der Entwicklung der Basstechnik ist es, einen schwachen vierten Finger zu haben und sich zu sehr auf den ersten, zweiten und dritten Finger zu verlassen. Die kleinen Finger guter Bassisten sind immer so stark wie ihre anderen.

Beispiel 5i

Beispiel 5j verwendet *zweihändiges Tapping*, um eine anspruchsvolle Linie zu erzeugen, die 1/16-Noten und 1/16-Triolen enthält. Es gibt keinen Grund, diese Übung zu schnell zu spielen, aber sie klingt großartig bei 110 bpm. Die kleinen Kreuze über jeder Note kennzeichnen den Tap mit dem linken oder rechten Finger. Diese Tappings sind hervorragend geeignet, um die Finger zu kräftigen.

Die Fingersätze werden unter jeder Note notiert und es ist wichtig, dass man sich an das Geschriebene hält. Das sieht auf dem Papier etwas beängstigender aus, als es tatsächlich ist, aber du musst vielleicht trotzdem jeden Schlag nacheinander lernen und dann zusammensetzen.

Alle Noten stammen aus dieser bekannten b-Moll-Pentatonik-Form.

B Minor Pentatonic

Mit etwas Übung wirst du feststellen, dass diese Linie entspannt von der Hand geht. Es hilft, wenn man das Griffbrett gut genug kennt, um fortgeschrittene Techniken auf einfache Patterns anzuwenden, um einige ungewöhnliche Linien zu erzeugen. Sie klingen oft beeindruckend und „schwierig", während sie eigentlich relativ einfach sind, wenn man die Kerntechnik erst einmal beherrscht.

Das Spielen der notierten Akzente gibt der Übung eine zusätzliche rhythmische Dimension, die deine Koordination und dein Gefühl entwickelt. Füge diese Akzente ein, wenn du die Noten sicher spielen kannst.

Beispiel 5j

Jazz

Der bescheidene Bassist lässt sich vom Jazz mit seinen erweiterten Akkordsymbolen, Modi, Substitutionen, komplexen Harmonien und technischen Anforderungen leicht einschüchtern. Aber es gibt viel Schönes, von den bekannten Wurzeln des Blues über die mitreißenden Rhythmen der brasilianischen und afrikanischen Musik bis hin zu den harmonischen Neuerungen der Bebop-Ära. Ob man Jazz mag oder nicht, es gibt viel zu gewinnen, wenn man ihn studiert. Es ist ein bisschen wie Gemüse essen: auch wenn man es nicht mag, muss man zugeben, dass es gut für einen ist!

Die Übungen in diesem Kapitel konzentrieren sich auf einige Aspekte des Jazz, die dir helfen werden, dein Gehör, deine Technik und dein Wissen über Musiktheorie zu verbessern.

Das Spielen einer Walking-Basslinie oder eines Solos über eine ii-V-I-Akkordfolge ist im Jazz zentral. Jazzmelodien *modulieren* oft (Tonartwechsel), was die Durchführung schwieriger macht als eine Rock- oder Pop-Melodie, die oft durchgehend in der gleichen Tonart bleibt. Daher ist es wichtig zu wissen, welche Tonleitern und Arpeggien zu jedem Akkord passen.

Ein Bassist wird immer Tonleiter- oder Arpeggio-Noten oder eine Kombination aus beiden spielen. Über den ii-Akkord spielt man den Dorischen Modus, über den V-Akkord den Mixolydischen Modus und über den I-Akkord den Ionischen Modus (dies ist ein anderer Name für die Dur-Tonleiter, die du bereits kennst).

Beispiel 6a ist eine absteigende ii-V-I-Übung mit Arpeggien. Es beginnt in der Tonart D-Dur und geht dann einen Ton (zwei Bünde) tiefer zu C-Dur. Achte auf die erste Fingerdehnung im ersten Takt über das Moll-Sept-Arpeggio.

Wenn du am Ende der notierten Übung angelangt bist, mach weiter, bis dir das Griffbrett ausgeht. Stelle sicher, dass du dir zu 100% bewusst bist, welches Arpeggio du spielst, welche Funktion es hat (ob es die ii, die V oder die I ist) und welches Intervall du spielst – Grundton, Terz, Quinte oder Septim. Wenn du die Reihenfolge der Noten, die du spielst, sowie den Rhythmus änderst, klingt die Linie eher wie eine Walking-Basslinie oder ein Solo. Versuch's doch mal!

Beispiel 6a

Lass uns nun die gleiche Abfolge durchspielen, aber diesmal auf- und absteigend durch die Modi. Die Arpeggien, die du in Beispiel 6a gespielt hast, wurden in diesem Beispiel durch das Spielen der 1., 3., 5. und 7. Note jedes Modus gebildet und sind daher vollständig miteinander verwandt. Wenn du den Modus und das Arpeggio, das auf jedem Akkord gebildet wird, immer kennst, dann bist du beim Improvisieren und Konstruieren von Basslinien gut aufgehoben.

Achte beim Durchspielen dieser Übung auf die verwendeten Patterns und merke dir ihren Klang. Die Verknüpfung eines Patterns mit seinem Klang ist der beste Weg, dein Ohr zu trainieren. Achte auch hier auf die Fingerdehnung, die sich über den Dorischen Modus im ersten Takt erstreckt. Wenn du ein anderes Finger-Pattern findest, das funktioniert, dann versuche es.

Im Jazz ist der Swing vorherrschend. Hier wird jeder Schlag in Triolen unterteilt, von denen die ersten beiden zusammengebunden werden, so dass *Swing-1/8* entstehen. Dies ist anders als die geraden 1/8, die man in vielen Stilen von Pop und Rock findet. Achte genau auf dieses Gefühl, denn es ist einer der Schlüssel zum großartigen Jazz-Bass-Spiel. Hör dir den Backing-Track an, um zu erfahren, wie es gespielt werden sollte.

Beispiel 6b

Das nächste Beispiel ist eine jazzige Pop-Akkordlinie, die durch die ersten vier Akkorde in Bb-Dur (Bbmaj7, Cm7, Dm7, Ebmaj7) aufsteigt.

Stelle sicher, dass du diese 1/8 wieder im Swing spielst und hör dir das Audio an, um dich meinem Feeling anzupassen. Der Grundton wird mit dem Daumen der Schlaghand gespielt, die beiden oberen Noten werden mit Zeige- und Mittelfinger gespielt. Verankere dein Handgelenk am oberen Teil des Korpus, um Stabilität zu gewinnen und deine Finger direkt an den Saiten schweben zu lassen.

Wenn du dich wohlfühlst, trenne die Stimmen der Akkorde und experimentiere mit verschiedenen Rhythmen und Patterns, indem du die Akkordnoten in unterschiedlicher Reihenfolge spielst.

Eine großartige Übung ist es, das Metronom auf 60 bpm einzustellen und jeden Klick als Schlag zwei und vier zu fühlen, wobei der Backbeat des Schlagzeugs nachgebildet wird. Wenn du den Metronomklick hörst, zähle den Schlag zwei, bevor du „drei, vier" zählst und die vier zum nächsten Metronomklick synchronisierst. Zähle „eins" in der Lücke und mach weiter.

Beispiel 6c

Du kannst das nächste Beispiel mit geraden 1/8-Noten spielen. Es handelt sich um eine soloartige Linie, die sich durch eine I-ii-iii-IV-V-I (Abmaj7, Bbm7, Cm7, Dbmaj7, Abmaj7)-Akkordfolge mit Arpeggien in der Tonart Ab-Dur navigiert.

Das Coole an dieser Übung ist, dass alle Noten in einer einzigen Lage gespielt werden. Diese Art von Linie könnte in einem Solo verwendet werden, aber wenn du die Noten des Arpeggios, das du spielst, kennst, dann ist es genauso gut, wenn du starke Walking-Lines spielst. Stelle sicher, dass du die Arpeggien, die du an dieser Stelle findest, herausfilterst und sie dir merkst, um sie dann in andere Tonarten zu transponieren.

Beispiel 6d

Ich erinnere mich daran, dass ich den Jazz als Jugendlicher extrem verwirrend fand. „Warum können wir nicht einfach beim Grundton und der Quinte bleiben, wie beim Rock und Pop?" Ich lernte bald, ihn zu lieben und zu schätzen, aber es waren Begriffe wie *Erweiterungen*, die mich verwirrten!

Erweiterungen treten auf, wenn du in einem Arpeggio Noten jenseits der Septim spielst. Ein Arpeggio wird gebildet, indem man mit der ersten Note einer Tonleiter beginnt und dann jede zweite Note in Terzen spielt. Dies bildet die Intervalle 1., 3., 5., 7., 9., 11. und 13. Beachte, dass es insgesamt sieben Noten gibt, was der Anzahl der Noten in der Tonleiter entspricht. Es ist im Wesentlichen so, als würde man die Noten einer Tonleiter in Terzen gestapelt spielen (vertikal gespielt), anstatt schrittweise (horizontal). Das ist ein wichtiges Konzept im Jazz.

Beispiel 6d führt dich durch die Erweiterungen, die du im Dorischen Modus findest. Du kannst diese in deinen Sololinien und auch beim Walking-Bass verwenden. Achte auf die TAB-Notation und die Griffmuster, während die Übung die Noten des Arpeggios entlang des Griffbretts spielt. Nimm dir Zeit damit und stelle sicher, dass du jederzeit genau weißt, welches Intervall du spielst.

Vergiss nicht, die 1/8-Noten im Swing zu spielen, und ich empfehle, mit dem Metronom zu üben, indem du es wieder auf die Schläge zwei und vier klicken lässt, wie in Beispiel 6b.

Beispiel 6e

Das Coolste am Jazz ist, wie viele musikalische Genres in ihm stecken - alles von Rock über Blues bis hin zu Old School RnB. Wenn man sich Bands wie Weather Report anhört, hört man eine Menge musikalischer Entdeckungsreisen. Diese Übung ist beeinflusst von Jaco Pastorius' Gebrauch von RnB und Funk in seinem Spiel und beinhaltet Ghost Notes und Raking.

Beispiel 6e ist in der Tonart C-Dur und verwendet eine I-iii-ii (C-Dur, e-Moll, d-Moll)-Akkordfolge. Beachte, dass die beiden Moll-Akkorde in den Takten drei und vier ein identisches Pattern verwenden. Du kannst diese Patterns auf jeden beliebigen Stil anwenden.

Der Schlüssel zu dieser Übung ist das Raking des Zeigefingers von der D- zur E-Saite, also isoliere diese drei Noten und gewöhne dich an das Timing, besonders an die Ghost Note. Die erste Note in jeder Dreiergruppe wird mit dem vierten Finger gegriffen. Um die Ghost Note zu spielen, verwende eine Kombination der übrigen Finger, die an dieser Stelle über die Saiten gelegt werden sollten.

Stelle dein Metronom auf etwa 90 bpm ein und konzentriere dich darauf, alle Noten mit Energie und gutem Gefühl herauszuspielen. Hör dir den Song *Black Market* vom 1979er Weather Report Album *8:30* an, um eine Vorstellung davon zu bekommen, was ich meine.

Beispiel 6f

Nun zu einer herausfordernden Fingerstyle-Übung im Bossa Nova-Stil mit einem leichten Hauch des Mario Brothers Themas darüber.

Beispiel 6g ist eine I-ii-V (Amaj7, Bm7, E7)-Akkordfolge in A-Dur, bei der mit Zeige- und Mittelfinger zwei Töne des Akkords gezupft werden, während mit dem Daumen ein einfacher Grundton und eine Quinte gespielt werden. Dies ist großartig für den Aufbau von Unabhängigkeit, im Takt bleiben und Fingerstyle-Technik.

Alle Bassline-Noten, die mit dem Daumen gezupft werden, landen auf dem Schlag, so dass es dort nichts Schwieriges gibt. Es sind die höheren Töne, die mit dem Zeige- und Mittelfinger gezupft werden, die ein Problem darstellen könnten, wenn du diese Technik noch nie benutzt hast. Hör dir das Audiobeispiel an, aber sieh dir auch die Notation gut an. Die rhythmische Figur bleibt durchgehend konstant, wenn du sie einmal geknackt hast, konzentriere dich also einfach darauf, so schnell wie möglich von einer Akkordform zur nächsten zu wechseln. Hör dir das Audio an, wenn du dir mit dem Rhythmus nicht sicher bist.

Übe langsam den Wechsel zwischen den Akkorden. Mehr als einen Finger gleichzeitig auf einen Bund zu bewegen, ist eine Fertigkeit, die die meisten Bassisten selten verwenden, so dass es anfangs vielleicht schwierig ist. Mach aber weiter und baue das Tempo allmählich auf.

Hier ist eine optionale Ergänzung zu diesem Beispiel. Versuche sie erst, wenn du die Übung vollständig abgeschlossen hast. Spiel die gleiche Übung durch, während du mit dem Fuß zu einer *Clave* tippst, anstatt zu allen Schlägen, wie du es gewohnt bist. Eine Clave ist ein sich wiederholendes rhythmisches Pattern, das in der Latin-Musik verwendet wird. Es gibt eine 3:2-Clave und eine 2:3-Clave. Versuche beides. Hör dir die Audiobeispiele an, bei denen du jede Clave gefolgt vom jeweiligen Beispiel hören wirst.

WARNUNG: Dies ist vielleicht eine der schwierigsten Sachen im ganzen Buch! Es ist eine großartige Möglichkeit, sich Unabhängigkeit zu verschaffen und den Groove zu entwickeln, während man gleichzeitig etwas wirklich Schwieriges zu meistern lernt.

Der Weg, dies zu knacken, ist, alles zu verlangsamen und die Linie in kleine Stücke zu zerlegen. Wenn du zum Beispiel die 2:3-Clave tippst, wirst du feststellen, dass du immer eine 1/8-Note zupfst, bevor du die ersten beiden Schläge der Clave tippst. Dann merkt man, dass der erste der nächsten drei Treffer auf Schlag 3 landet, wenn der Daumen das A spielt. Man setzt es auf diese Weise wie ein Puzzle zusammen und wiederholt immer größere Abschnitte, bis alles zusammenkommt.

Diese Übung ist sehr gut dazu geeignet, um zu üben, wie man übt. Du musst geduldig sein, die Übung in kleinere Teile zerlegen, wiederholen, zusammensetzen und die Frustration durchmachen, dass du nicht in der Lage bist, es zu schaffen, bevor du auf der anderen Seite herauskommst. Dies ist eine der wichtigsten Lektionen, die man aus diesem Buch lernen kann, und du wirst ein echtes Erfolgserlebnis haben, wenn du diese Disziplin beherrschst. Nimm dir Zeit und behalte es als Ziel vor Augen, an dem du arbeiten willst.

Beispiel 6g

Jazz ist eine so reichhaltige Kunstform und die musikalische Kreativität, die sich aus diesem Genre ergibt, ist endlos. Einer der Gründe dafür ist die Harmonie, die durch die Verwendung von Modi und verschiedenen Molltonleitern entsteht. Etwas, das in Stilen wie Pop und Rock nicht so häufig vorkommt, ist die Verwendung der melodischen Molltonleiter und ihrer Modi.

Beispiel 6h verwendet einen der nützlichsten dieser Modi - die Superlokrische Tonleiter (auch „Alterierte Tonleiter" oder „Verminderte Ganztonleiter" genannt). Der Grund, warum mir der letzte Name am besten gefällt, ist, dass dieser Modus als verminderte Tonleiter beginnt (einen Halbton nach oben, dann einen Ganzton, dann einen weiteren Halbton) und dann zu einer Ganztonleiter wird (die in Ganztönen nach oben geht). Dieser Name beschreibt, wie man die Tonleiter spielt und entfernt die Komplexität, die der Name Superlokrisch impliziert. In jedem Fall ist es eine großartige Tonleiter, um sie über alterierten Dominantakkorden zu verwenden.

Diese Linie bewegt sich im Modus auf und ab, wobei einige Hammer-Ons und Pull-Offs verwendet werden, um die Phrasierung eines Saxophonspielers zu emulieren. Spiele sie so flüssig und sanft wie möglich und stimme dein Ohr in die ungewöhnlichen Intervalle ein, die diese Tonleiter erzeugt. Achte auch auf die im vorigen Absatz erwähnten Tonleiter-Patterns. Wenn du nur Dur- und Moll-Tonleitern gewohnt bist, dann wird sich dies ungewohnt anfühlen, klingen und aussehen, aber mit einigen Wiederholungen kannst du es in dein Spiel einbauen.

Beispiel 6h

Beispiel 6i harmonisiert die melodische G-Molltonleiter mit Sept-Arpeggien im Latin-Stil. Diese Harmonie ist wichtig, wenn man in den Jazz einsteigen will. Die harmonisierte melodische Molltonleiter hat viele interessante Eigenschaften, darunter einen Moll/Dur- und einen erweiterten Akkord.

Der Aufbau einer melodischen Molltonleiter ist:

Ganzton, Halbton, Ganzton, Ganzton, Ganzton, Ganzton, Halbton.

Behalte dies im Hinterkopf, wenn du durch diese Übung navigierst und die Tonleiter erkundest. Es ist leicht, sich die zwei aufeinanderfolgenden Dominantseptakkorde (C7, D7) und Halbverminderten Septakkord-Arpeggien (Em7b5, F#m7b5) zu merken, die man von der vierten bis zur siebten Note der Tonleiter baut. Viele erstaunliche Jazzmelodien stammen aus dieser Harmonie, daher empfehle ich dir, diese Übung in- und auswendig zu lernen.

Beispiel 6i

Das letzte Beispiel in diesem Kapitel verwendet eine V-IV (E7 nach D7)-Akkordfolge in a-melodisch Moll. Es gibt einige Legato-Slides und Dominantseptakkorde, und es klingt ein bisschen wie *Elephant Talk* von King Crimson. Es ist typisch für die Art von kantigem Klang, die man aus dem melodischen Moll erhält.

Die drei Noten, aus denen der Legato-Slide besteht, werden gespielt, indem man die erste Note (D am 7. Bund) zupft und dann zur zweiten Note (E am 9. Bund) und wieder zurück slidet. Die Herausforderung besteht darin, die Saite ruhig zu halten, während man eine Mischung aus Zupfen und Sliding ausführt. Am Ende des Taktes gibt es eine 1/8-Pause, um dir gerade genug Zeit zu geben, um zum 10. Bund für den D7-Akkord zu gelangen, aber du musst schnell sein!

Während du dich bewegst, um die Noten des Akkords zu greifen, verschiebe deinen ersten, zweiten und vierten Finger, so dass sie für das Spielen der Noten vorbereitet sind. Benutze deinen Daumen, Zeige- und Mittelfinger, um die Akkorde zu zupfen und benutze die Bundmarkierungen, um genau die Stelle zu sehen, auf der du landen musst, kurz bevor du dort ankommst.

Beispiel 6j

Bordun-Übungen

Ein Bordun ist ein konstanter, einzelner Ton, der über eine bestimmte Zeitspanne erklingt. Das Spielen von Tonleitern über Bordune gibt dir die Möglichkeit, den Klang der zusammenarbeitenden Intervalle zu hören und außerdem bekommst du einen guten Bezugspunkt, um die Stimmungen, die die Tonleitern erzeugen, zu untersuchen. Kurz gesagt, es ist eine erstaunliche Übung zur Stärkung des Gehörs - ein extrem wichtiges Ziel für jeden Musiker.

Die Übungen in diesem Kapitel arbeiten an verschiedenen Techniken unter Verwendung der sieben Modi der Dur-Tonleiter (Ionisch, Dorisch, Phrygisch, Lydisch, Mixolydisch, Äolisch und Lokrisch). Wichtig sind die Klänge, Farben und Stimmungen, die die verschiedenen Modi erzeugen. Dies ist eine ausgezeichnete Möglichkeit, sich einen Überblick zu verschaffen, warum die Modi wichtig sind, was sie sind und wie man sie benutzt - und das alles während des Aufbaus deiner Technik.

Merke dir die Patterns und schau, ob du die Linien in die anderen 12 Tonarten transponieren kannst.

Beispiel 7a beginnt mit dem Ionischen Modus in G (Dur-Tonleiter), verwende also den G-Bordun-Backing-Track für diese Übung. Die Übung bewegt sich durch die Noten des Modus, wobei jedes Mal ein Grundton, eine Sexte und eine Terz (Dezime) gespielt wird, bevor in das nächste Pattern geslidet wird.

Shape of My Heart von Sting verwendet ein ähnliches Pattern auf der Gitarre.

Verwende einige dieser Formen als Sprungbrett für eine Komposition. Spiele die Patterns in verschiedenen Reihenfolgen und Rhythmen, um coole Basslinien und interessante Akkordstimmen zu erzeugen. Ich empfehle, einige grundlegende Klavier- oder Gitarrenkenntnisse zu erlernen, um einfache Akkordfolgen zu spielen und deine Songwriting- und Produktionsfähigkeiten zu entwickeln.

Zupfe die erste Note und slide an der angezeigten Stelle in die nächste (nicht die Note zupfen, in die du slidest).

Beispiel 7a

Beispiel 7b slidet wieder nach unten durch die gleichen Patterns. Wenn du dieses Beispiel draufhast, dann kombiniere es mit Beispiel 7a.

Beispiel 7b

Für das nächste Beispiel musst du dir vorstellen, dass dein Bass nur eine G- und D-Saite hat. Auf nur zwei Saiten zu spielen ist eine brillante Art und Weise, ungewöhnliche Phrasen, Fills und Linien zu kreieren und dich aus den gleichen, alten Mustern herauszuholen, in die wir alle fallen. Diese Übung untersucht diese Idee mit einem Dorischen Modus in E, also benutze den E-Bordun-Backing-Track.

Lass dich durch das Erscheinen der weniger häufigen 1/32-Noten hier nicht abschrecken! Es gibt acht davon in einem Takt, aber wenn du dein Metronom auf 60 bpm einstellst, wirst du langsamer und kannst von dort aus Geschwindigkeit aufbauen.

Diese Idee enthält eine interessante Synkopierung, die durch die Gruppierung der ersten dreizehn 1/16-Noten in eine Siebener-, dann in eine Sechsergruppe entsteht. Das klingt cool mit den notierten Akzenten, also versuche, diese zu betonen. Hör dir das Audiobeispiel genau an, um dies in Aktion zu hören.

Die schnellen Teile in jedem Takt werden gespielt, indem man nach dem Anschlagen sofort ein Pull-Off mit dem dritten Finger spielt. Achte beim Bewegen auf die Verschiebungen, denn du musst schnell sein, um die erste Note des Taktes auf der Eins zu spielen.

Beispiel 7c

Um den dritten Modus, Phrygisch, zu erlernen, ist Beispiel 7d ein Wechselschlag-Fingersatz- und ein Ein-Finger-pro-Bund-Workout. Ziel ist es, dies bis zu etwa 160 bpm genau zu spielen, aber fang langsamer an, wenn nötig. Diese Übung spielt den Modus in Terzen durch, wobei jedes Mal eine Note ausgelassen wird und dann wieder zu ihr zurückkommt. Die Greifhand bleibt in einer Lage, aber man springt ständig zu verschiedenen Saiten, so dass die Hände koordiniert werden müssen, sonst schafft man es nicht, hierbei Geschwindigkeit aufzubauen.

Beachte den dunklen Klang, der durch die kleine Sekunde zwischen der ersten und zweiten Note entsteht. Dieser Modus wird manchmal auch als Spanische Tonleiter bezeichnet und du kannst hören, warum, wenn du dies zum C-Bordun-Backing-Track spielst.

Beispiel 7d

Hier ist ein toller Test für den dritten und vierten Finger deiner Greifhand. Benutze den E-Bordun für diese Übung in E-Lydisch. Die Taktart ist 7/16, die durch Aufteilen des Taktes in zwei Gruppen von zwei 1/16-Noten gefolgt von einer Dreiergruppe gebildet wird.

Spiele aufsteigend Hammer-Ons und Pull-Offs auf dem Weg zurück nach unten. Beim Absteigen werden der dritte und vierte Finger wirklich gefordert und es wird sich ganz schrecklich anfühlen! Nutze dies, um diese schwächeren Finger zu stärken und zu beschleunigen.

Halte die Finger der rechten Hand abwechselnd wie angegeben. Auch dies ist besonders schwierig beim Absteigen, da die Versuchung besteht, einen Finger nach unten in die Saiten zu „raken". Es ist viel schwieriger, abzuwechseln, wenn die Saiten in Richtung G bis E gekreuzt werden. Es kann sein, dass du die Takte drei und vier verlangsamen musst, bis du dich daran gewöhnt hast.

Beispiel 7e

Vibrato ist eine der ausdrucksstärksten Techniken, die Musiker verwenden und klingt am Bass wunderschön. Es gibt verschiedene Möglichkeiten, Vibrato zu spielen. Eine besteht darin, den Ton zu greifen und eine Reihe von Mini-Bends auszuführen - wobei die Saite in Richtung vom Boden zur Decke auf und ab bewegt wird. Du kannst die Geschwindigkeit ändern, um genau zu bestimmen, wie dein Vibrato klingt. Die andere Möglichkeit besteht darin, den Finger an das Griffbrett gedrückt zu halten und mit dem Finger über die Saitenebene zu wackeln (in Richtung des Basskorpus zur Kopfplatte). Dies ist subtiler und etwas schwieriger auszuführen.

Vibrato ist für jeden Spieler individuell und wird zu deiner einzigartigen Stimme auf dem Instrument beitragen. Lass es so musikalisch wie möglich klingen und vermeide eine zu hohe Geschwindigkeit und das Wackeln der Saite (es sei denn, das ist der Klang, den du anstrebst!). Vibrato ist ein großartiges Werkzeug beim Solospiel, aber auch gewöhnungsbedürftig und sollte daher am besten vermieden werden, wenn man normale Basslinien spielt.

Benutze nur einen Finger der Greifhand bei jedem Lauf durch die Übung, aber versuche es mit allen Fingern. Das einzige, worauf man in diesem Beispiel noch achten muss, sind die Slides. Ziel ist es, genau auf der Note zu landen, ohne über oder unter der Markierung vorbei zu schießen.

Experimentiere mit der Geschwindigkeit des Vibratos sowie mit der Art, die du verwendest. Bemühe dich bei dieser Übung nicht mit einem Metronom, denn das Ziel ist es, das Vibrato gut zu spielen und zuzuhören. Benutze wieder den E-Bordun, da diese Übung in E-Mixolydisch ist.

Beispiel 7f

Beispiel 7g kombiniert viele der Tricks und Techniken, die du bereits in dem Buch verwendet hast, wie z.B. Tapping, Hammer-Ons, Pull-Offs und schnelle Handverschiebungen. Die Übung entwickelt dein zweihändiges Tapping und ist hervorragend geeignet, um Kraft, Schnelligkeit und Ausdauer zu trainieren. Sie ist in A-Äolisch geschrieben, also benutze den A-Bordun-Backing-Track.

In dieser Übung spielst du mit dem Zeigefinger deiner Tapping-Hand die angezeigten Noten. Gleichzeitig legst du deinen Daumen auf die E- oder A-Saite, um deine Hand zu stabilisieren, damit der Tapping-Zeigefinger während des gesamten Vorgangs ruhig und gleichmäßig bleiben kann.

Im ersten Takt tappst du mit dem Zeigefinger auf den 14. Bund, während du mit dem ersten Finger den 9. Bund nach unten drückst. Unmittelbar nach dem Tapping des 14. Bundes lässt du die Saite nach unten schnellen, so dass du auf der D-Saite zur Ruhe kommst. Dadurch entsteht ein Pull-Off der Note vom 14. zum 9. Bund. Als Nächstes spiele mit dem zweiten Finger deiner Greifhand einen Hammer-On auf den 10. Bund. Beginne, dieses Beispiel zu lernen, indem du versuchst, nur diese drei Noten flüssig zu spielen.

Die nächsten drei Noten sind ähnlich. Lege sowohl den ersten Finger auf den 9. Bund *als auch* deinen zweiten Finger auf den 10. Bund. Nachdem du mit dem Zeigefinger der Greifhand getappt hast, mache einen Pull-Off zum 10. Bund. Mache dann vom 10. zum 9. Bund noch einen Pull-Off und achte darauf, dass du dabei die Saite nach unten schnellen lässt.

Wenn du das alles langsam zusammensetzt, wirst du sehen, wie elegant die Noten in deinen Fingern zusammenpassen. Hör dir das Audiobeispiel an, um zu hören, wie es klingen soll, und starte wie immer ohne Metronom, bis du dich mit dem Bewegungsablauf wohlfühlst, und füge dann den Klick hinzu. Beginne langsam und peile 120 bpm an.

Diese Übung erfordert eine hervorragende Technik und es ist schwierig, sie gut im Takt zu spielen. Denke daran, dass du, um schnell zu spielen, zuerst langsam spielen musst. Meistere sie perfekt bei einer langsamen, überschaubaren Geschwindigkeit, bevor du sie aufbaust. Dadurch wird sichergestellt, dass die Technik die Ausführung der Linie unterstützt.

Beispiel 7g

Die nächste Übung ist A-Lokrisch, also benutze den A-Bordun-Backing-Track. Sie ist in 3/4 geschrieben, verwendet 1/8-Noten und ist besonders gut für die Entwicklung des dritten und vierten Fingers der Greifhand sowie zum Üben der String-Crossing-Technik geeignet. Benutze strikt abwechselndes Zupfen (oder

Wechselschlag) und folge den Fingern der Greifhand. Beginne mit einem Downstroke und wechsle von dort aus ab. Unabhängig davon, ob du Plektrum oder Finger verwendest, achte darauf, die Saiten zu dämpfen, um unerwünschte Geräusche beim Aufwärtsspielen zu vermeiden, indem du den Daumen deiner Schlaghand auf die E- oder A-Saiten legst, wenn du diese nicht spielst.

Sich selbst aufzunehmen und mit einem kritischen (aber besonnenen) Ohr erneut anzuhören, ist eine gute Möglichkeit, um herauszufinden, was zu verbessern ist.

Beispiel 7h

Die verminderte Tonleiter ist eine acht Töne umfassende symmetrische Tonleiter (d.h. sie wird aus dem gleichen, sich wiederholenden Intervallmuster gebildet). Ich würde den erzeugten Klang als seltsam schön beschreiben. Diese Übung funktioniert über einen E-Bordun oder man zupft einfach die leere E-Saite, während man die Noten spielt. Beachte beim Spielen der Übung, wie sich das Intervallmuster alle drei Bünde wiederholt.

Die Doppelgriffe in den letzten beiden Takten sind eine gute Geschicklichkeitsübung für die Greifhand. Benutze Zeige- und Mittelfinger, um diese Noten zu zupfen. Ich bin mir sicher, dass es in der Partitur des originalen Predator-Films ein Musikstück gibt, das eine ähnliche Idee wie die wiederholten verminderten Doppelgriffe verwendet. Es ist dissonant und beunruhigend, genau was man wohl möchte, wenn einen ein Monster verfolgt. Das Erlernen verschiedener Modi und Tonleitern erweitert deine Klangpalette und macht dich zu einem kreativeren Musiker.

Wenn du das symmetrische Pattern in deinen Fingern hast, kannst du alle Arten von Linien über das Griffbrett mit allen Saiten erzeugen. Mische Rhythmen und Techniken, um weitere Phrasen zu kreieren.

Beispiel 7i

Wenn du mit einer neuen Tonleiter konfrontiert wirst, ist es eine gute Idee, einen Bordun in deiner Übung zu verwenden, um den Geschmack der neuen Tonleiter zu erhalten.

Beispiel 7j verwendet den mixolydischen b6-Modus (auch bekannt als die Hindu-Tonleiter), der einen schönen Klang hat und einen Modus der melodischen Molltonleiter darstellt. Die Linie in diesem Beispiel könnte leicht in einem Song von Bands wie Led Zeppelin verwendet werden, die große Fans der melodischen Molltonleiter sowie anderer exotisch klingender Modi waren. Benutze für diese Übung den E-Bordun und lerne dann das Pattern in anderen Tonarten.

Der Legato-Slide im ersten Takt wird mit dem vierten Finger gespielt. Es ist ein ziemlich großer Slide und er erfordert Kraft in den Fingern, also geh diesen Teil langsam an. Achte auf die etwas ungewöhnliche Griffweise; sie funktioniert und bringt die Finger in die richtige Position, ohne zu viel zu verschieben.

Beispiel 7j

Nächste Schritte

Ich hoffe, die Übungen in diesem Buch haben dich angespornt und inspiriert, über das Bass-Spielen nicht nur aus technischer Sicht, sondern auch mit Blick auf Theorie, Gefühl, Groove, Timing, Phrasierung und dein Gehör, nachzudenken. So gut wie möglich zu sein bedeutet, dass man sich in diesen Schlüsselbereichen der Musikalität kontinuierlich kleine Verbesserungen vornehmen muss, und ich hoffe, dass du dies auch weiterhin tun wirst, wenn du deine musikalische Reise fortsetzt.

Denk daran, dass du so gut werden kannst, wie du sein willst, wenn du klar definierte Ziele und einen konsequenten Übungsplan hast. Wenn du die Grundlagen am Bass beherrschst, werden dich deine Bandkollegen lieben.

Ich würde mich sehr freuen, wenn du mich auf meiner Website **www.onlinebasscourses.com** besuchen würdest, wo ich Lektionen, Blogeinträge, Tipps und Kurse rund um das Thema Bass produziere. Wenn du Fragen hast, würde ich auch gerne von dir hören.

Du kannst mich über die Seite kontaktieren, auf der du auch alle meine Social Media Details findest.

Andere Bassbücher von Fundamental Changes

Chord Tone Soloing for Bass Guitar

Electric Bass Improve Your Groove

Sight Reading Mastery for Bass Guitar

Bass Technique Finger Gym

Walking Bass for Jazz and Blues

Sieh sie dir auf unserer Website an: